U0905193

炁體源流

上

米晶子 编著
黄中宫道观 校订

华龄出版社
HUALING PRESS

责任编辑：薛　治
责任印制：李未圻

图书在版编目（CIP）数据

炁体源流 ： 道家养生经典辑录 ： 上下册 / 米晶子编著. -- 北京 ： 华龄出版社，2021.6
ISBN 978-7-5169-2003-9

Ⅰ. ①炁… Ⅱ. ①米… Ⅲ. ①道家—古籍—选集 Ⅳ. ①B223.01

中国版本图书馆CIP数据核字(2021)第097687号

书　　名：炁体源流：道家养生经典辑录（上下册）
作　　者：米晶子 编著

出版发行：华龄出版社
地　　址：北京市东城区安定门外大街甲57号　　邮　　编：100011
电　　话：010-58122255　　传　　真：010-84049572

印　　刷：三河市中晟雅豪印务有限公司
版　　次：2021年8月第1版　2022年10月第4次印刷
开　　本：787mm×1092mm　1/16　　印　　张：33
字　　数：200千字
定　　价：168.00元

混沌之先一點無　有了一點生萬物

日藏月内丹作母　目隐身中體為始

二〇一四年九月初九　張至順

遍地金莲一起开就在目前

師姓李名耳字聃號老子

師姓呂名巖字洞賓號純陽子

太乙雷聲應化天尊王善王靈官

自序

余自十七歲於華縣半截山碧雲庵參入道門，就志學道，參生死之變，習長生之術。嘗於北京白雲觀藏經樓偶得《太清元道真經》一部，直指生死，長生久視，至道不煩也，指示修道本體，安靜和柔，不移自性，常守虛無，湛然不勞，乃得自然之道也。道祖為萬法之王，玄之又玄，真空妙有，妙有真空，即是先天一點真陽之光。以道心觀天心，真陽發動處，當用之時，元神、元炁，同稱謂玄。元炁謂玄，元神謂玄之又玄。靜者為性，動為元神。

燃燈佛，兩目之光也，住西天極樂國雷音寺。道祖，住真空無極真境靜土之天。

余常對門下弟子言：儒釋道三家，同是一母生，何須爭上下。一母者乃先天一點靈火之光，性也。佛曰：眾生平等，道謂至善之地、性命之源、造化之理也。邱祖曰：『人生先生兩目，死先死兩目。』又曰：『一目之中，元精、元炁、元神，皆在內也。』《素問》曰：『人之一身精華上註于目。』學者思之，慎之，慎之。

住眼於心神，二目之光，乃是元神真意之體，即真性也。千佛萬祖皆不肯說破此光真性，今泄天機難免天遣。

作偈一首：巽風吹到水面上，海底常送無油燈，千言萬語難說盡，一字道破定南針。

余雲遊四海，收集道書，皆佛道二祖玄妙秘密天機，生死之根本，輯錄成册，望同道侶友藉此省卻數十年參訪功夫，早日證果。『炁』化三清，『體』能載道，『源』乃先天道統，『流』為老君法脉，故曰《炁體源流》。余略言幾句粗淺，權作非道之道，不到之處尚冀仁人志道多多指教，是為序。

全真龍門派第二十一代張至順『號米晶子』

壬辰三月初三日書

自序終

再版序

大道恒久，時光荏苒。不覺間，恩師張至順道長已登真五載有餘。爲延續師父之志，弘揚道家文化，我們决定將師父的三本著作《炁體源流》《八部金剛功》和《米晶子濟世良方》校訂完善後再版。同時將《八部長壽功》總結成文與《八部金剛功》聯壁出版。

其中，《炁體源流》是本門修煉丹道的根本經典，書中匯集了《道藏》中最上層丹法的修行精華方法。有志修道成真者，可以相互參學。此次再版補充了小部分内容，增加了師父的部分修行筆記。希望能爲同修道友在修行上提供幫助，使大家可以更好地學習和體悟大道。

八部金剛功是疏通經絡，祛病養生之功法。古人于山中修行，山中多寒濕，且飲食難全，身體易生疾病，此功法本是祖師傳與山中道人强身健體之功法。相傳爲張紫陽真人所創，歷代祖師秘傳口授，不曾外傳。師父見現代社會難治之病越來越多，十分心痛，

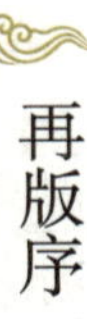

故將此功法公布于世。八部金剛功講究呼吸自然，不用意念，五指并攏，方拳握緊，全身放鬆。

八部長壽功是静功的基礎，是輔助丹功炁體運行的内經功法。與金剛功一剛一柔，一陰一陽，互爲倚襯，相互結合，共同練習，其效不可盡述。

《米晶子濟世良方》是師父行醫時，所保存的行之有效的醫方，其中既有諸家著述，也有道門同修、各地鄉醫，感師之普濟而無所取，贈予的家傳秘方。此次再版，在原版的基礎上增加了師父過去常用的清代王清任《醫林改錯》中的方劑，供有需要的人和有志于從醫及有一定中醫基礎者研究學習。書中藥方中的藥名、藥性及用量都沿用以前師父的記録。由于現代人與古人的語言、環境差异，再加上現代藥材的制作變化，藥方的藥效及實用性都有可能發生了改變，希望讀者多多留心注意這一點。

借此次再版的機會，特別感謝參與黄中宫建設和各地自發推廣金剛長壽功的善信道友，以及在《炁體源流》《八部金剛功·八部長壽功》《米晶子濟世良方》的出版、再版、校訂工作中，對我們鼎力支持的十方善信，感恩大家的一路相伴同行。

誠心學道修真者當精進修行，自有祖師護佑。

辛丑年二月十五日

全真龍門派第二十二代許理慧號文極子書於黃中宮

米晶子張至順道長手稿

邱祖像

邱長春祖師語錄

師往燕京天長觀時，普說曰：道涵天地、

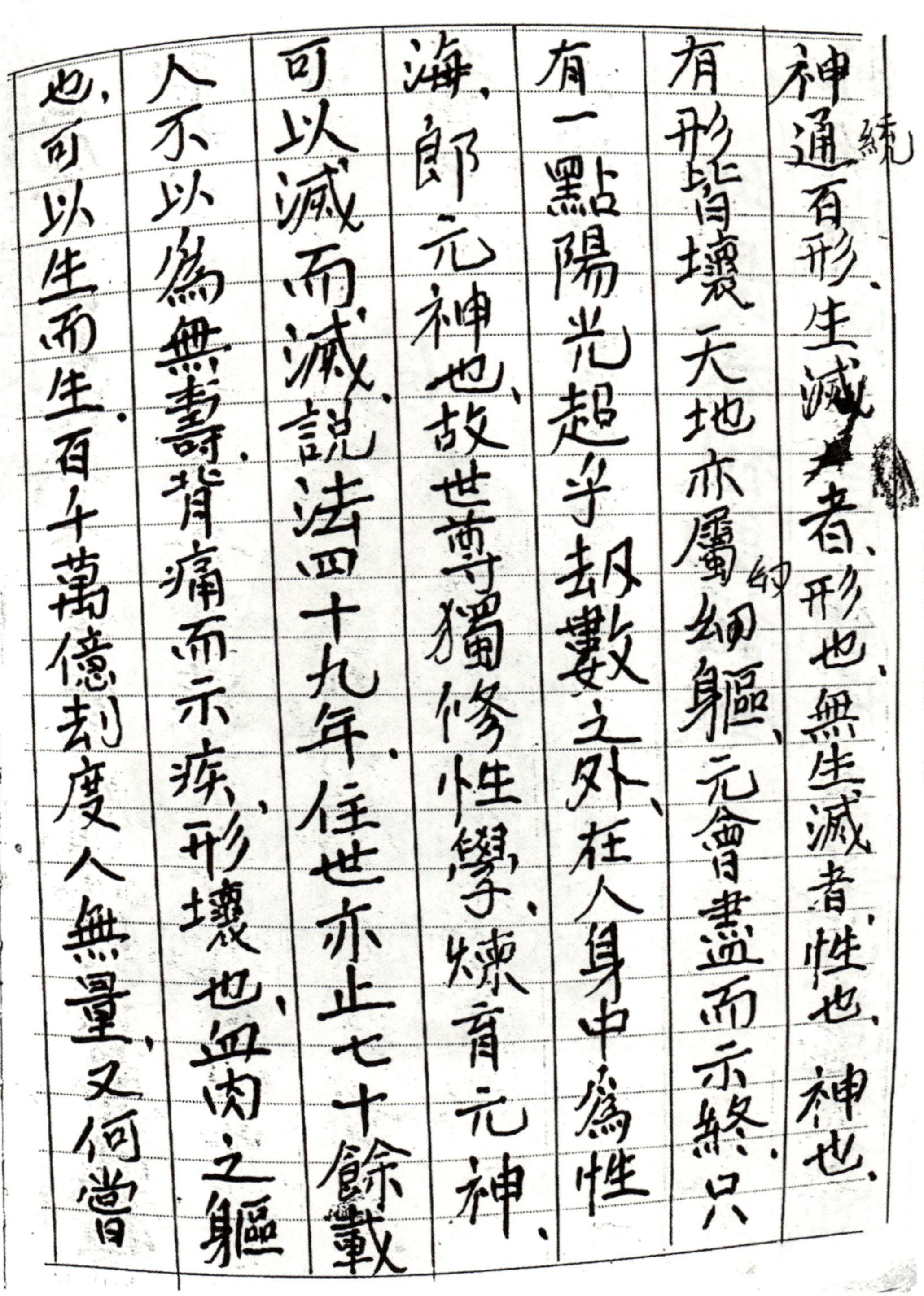

神通百形、生滅者、形也、無生滅者、性也、神也、有形皆壞、天地亦屬細軀、元會盡而示終、只有一點陽光超乎劫數之外、在人身中為性海、郎元神也、故世尊獨修性學、煉育元神、可以滅而滅、說法四十九年、住世亦止七十餘載人不以為無壽、背痛而示疾、形壞也、血肉之軀也、可以生而生、百千萬億劫度人無量、又何嘗

滅哉、謂佛肉身至今存可也、若論性不滅、即餓鬼畜生皆堪成佛、有靈明處是也、心能造形、心能留形、法中有發住世者、動經千百劫、心為之也、若心根傷壞、轉眼便為冥途矣、故有形存而心先死者、六道是也、有形亡而心存者、古來三教聖賢是也、今世祈長生者、不向本命元辰、自發大願、乃從仙佛乞靈、是舍本而求末矣、究竟於我何與哉、吾宗所以不言長生者、

32K 130×190

非不長生超之也、此無上大道、非區區延年小術也。

或問曰、北宗道法至吾師而大行、全眞之盛、振古未有、亦尚神通變化否、　師曰、若如神通、便非大道、大道極平常、不作奇特想、只要心眞、何事不辦、吾侍重陽師三十載、未沐一言之誨、若起嗔心、久爲下類矣、惟鞭策之甚、眞爲愛我之切、故歸化時方有此子可教、吾宗賴以大行之語、後復得道兄、

丹陽馬大師來接引、然後還山煉心有性、三遭魔難而不爲動、没於洪水而不知、虎臥於旁而不畏、初心眞久之心空、心空性見、而大事畢矣、遂出山度世化人、帝王禮拜、三宮奉侍、燎望、問道至禮也、吾告之以清淨無爲、上帝好生、一代仁厚之風皆從此二句起、上親書袍領、命藏諸內府、世授子孫、勅吾爲大宗師、然吾心未常動也、生平不輕

援人一拜拜必答之未嘗自登師席黃童白叟、婦寺宰官、侯王帝主、一切平等西域諸方稱吾爲震旦活佛、聲教所及要荒無間、自古至眞之盛、未有及此、此豈有所作爲乎、不過性海中一點浮漚耳天人自然感應、不尚神通宮、中有妖物、百法不靈天師束手、請問於吾、吾時在山中、靜中微作念彼物已攝道光法鏡中初不用雷神將帥、符圖印訣也、邪不勝正理也、吾存其理而已。
師示蒙曰、吾宗前三節皆有爲工夫命功也、後六節
乃無爲妙道性學也、三分命功、七分性學以後
只稱性學、不得稱功、命方稱功、有爲之事也、功
者工也、有階有級性何功哉、佛祖也只完得性學而
已、今世人貪生之甚、希慕長生、究無長生者、
心不眞也、雖極勞生以養形、爲形起見、總屬

私心、不合天心、何能上壽、學人宜體驗吾旨、誓發
無上之心、即為無上之身。或問曰、弟子根性
下劣、堪學道否、 師曰、吾西遊記首言、凡有
七竅者、皆可成真、吾子只六竅耶、 師示象
曰、世法用實、大道用虛、惟虛故明、明即慧
也、慧非根生、心定而凝、心凝神現、性見人成、
人非塊然者、元始與威音、若將二老作玄虛

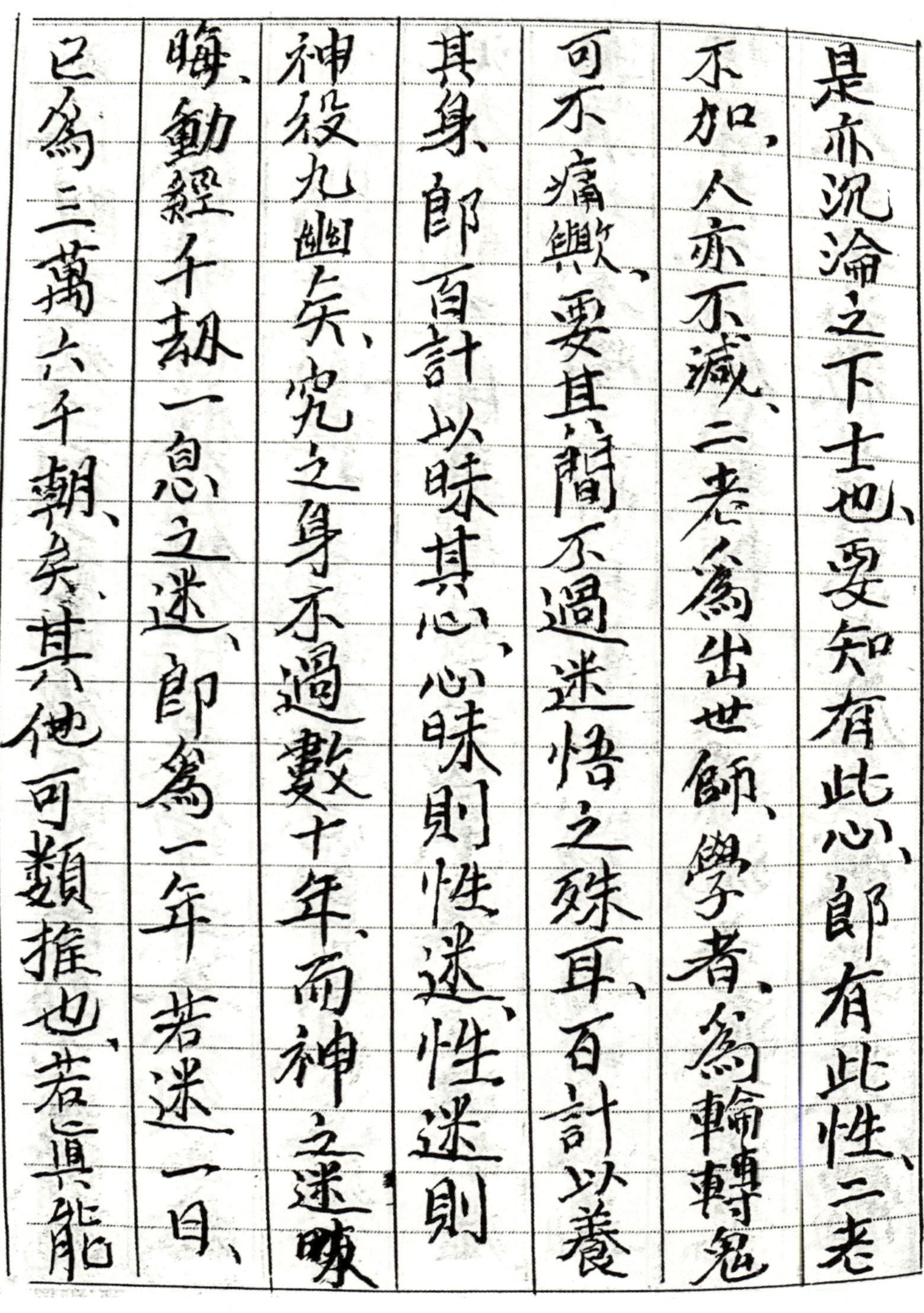

是亦沉淪之下士也、要知有此心、即有此性、二老不加、人亦不減、二老為出世師、學者、為輪轉鬼可不痛歟、要其間不過迷悟之殊耳、百計以養其身、即百計以昧其心、心昧則性迷、性迷則神殺九幽矣、究之身不過數十年、而神之迷昧晦、動經千劫、一息之迷、即為一年、若迷一日、已為三萬六千朝矣、其他可類推也、若真能

見性、即無死一刻、亦能破百千萬刧之幽暗、況五官清明、四肢強健時乎、學者、急須止念、念止則心定、心定則慧光自生、慧即生臭還須自涵於不睹不聞無聲無臭之中、久之方返於虛無真境、今學人皆理解、非心解、思也、皆識光非智光也、此所以輪轉人天、漂流六道、若造惡之人、並無光彩、止有惡氣厲氣、眼光一落、全體皆陰、墮入酆都矣、千佛出世不通懺悔者、彼自無光、何能承佛光接引哉、學者現有外光機在目也、太陽流珠、常欲去人、順也、逆而內之、金華涵蓄矣、有內光迷而失之、六欲牽也、妄想驚其神也、不能片時清淨、爲有無顛倒、而聞悟而超之、破除無始習氣、尋取最初種子、光爍圓陀也、哀哉

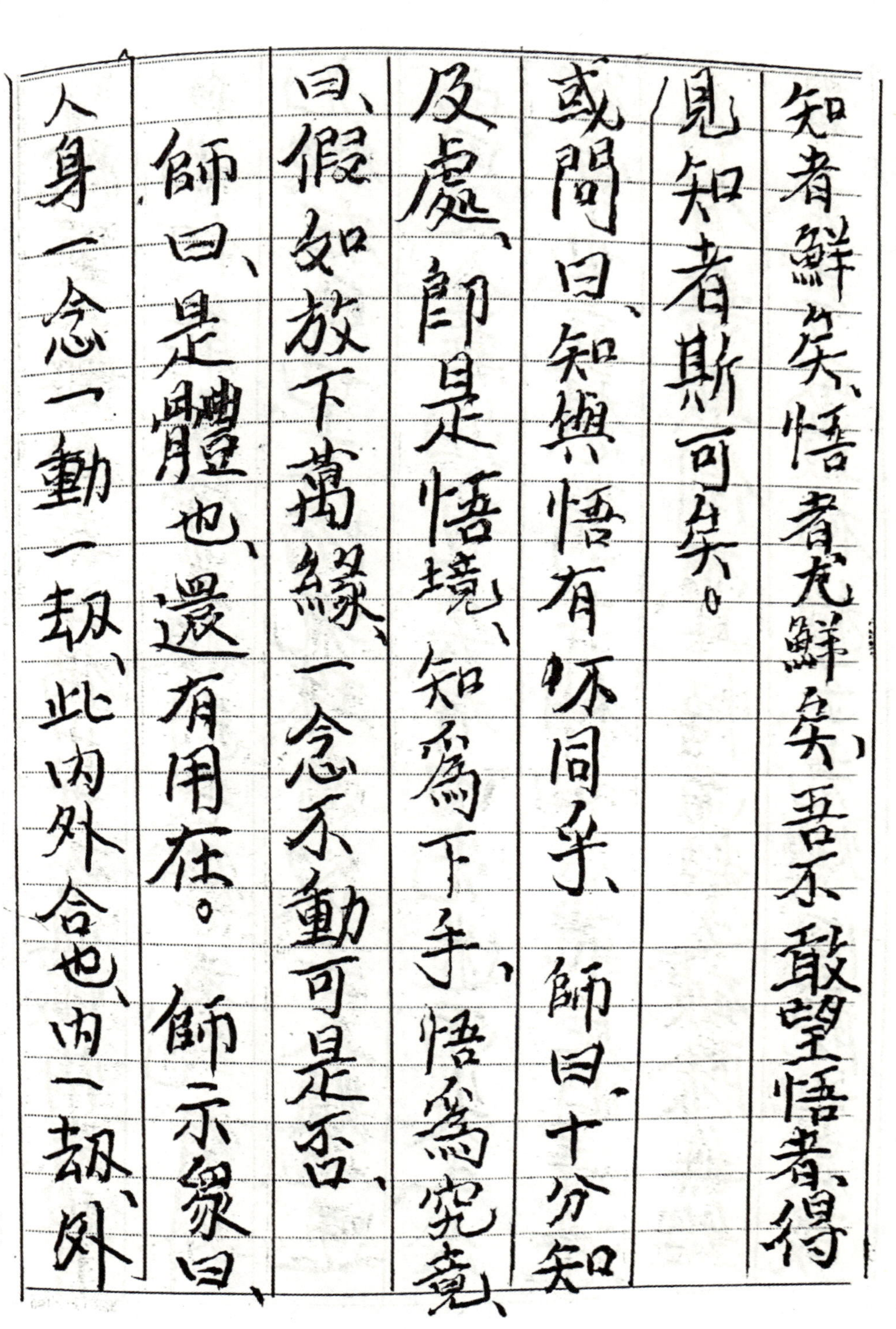

知者鮮矣、悟者尤鮮矣、吾不敢望悟者得見知者斯可矣。

或問曰、知與悟有怀同乎、師曰、十分知及處、即是悟境、知爲下手、悟爲究竟、曰、假知放下萬緣、一念不動可是否、師曰、是體也、還有用在。

師示衆曰、人身一念一動一劫、此內外合也、內一劫、外

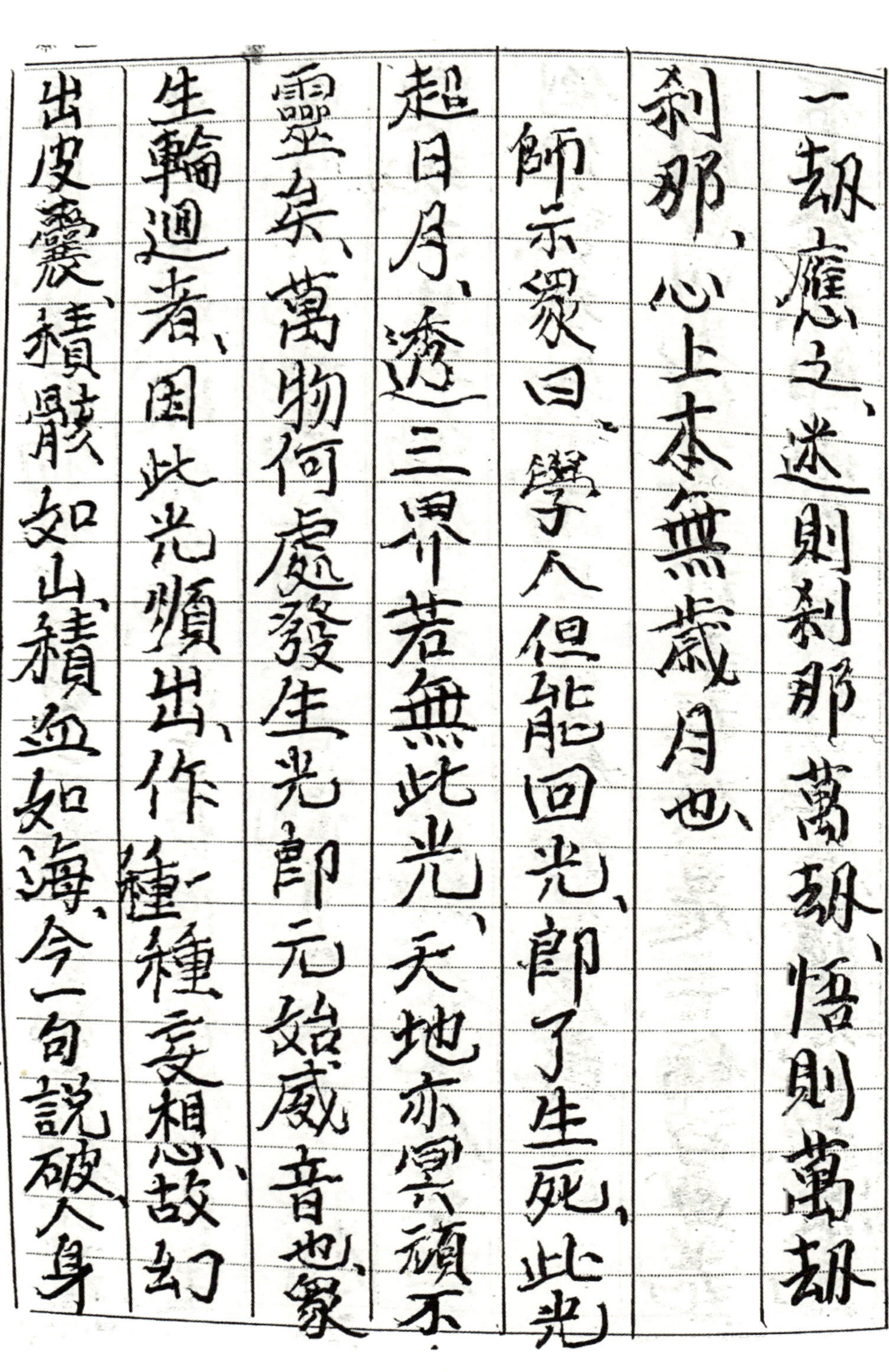
一劫應之、迷則剎那萬劫、悟則萬劫剎那、心上本無歲月也、師示眾曰、學人但能回光、即了生死、此光超日月、透三界、若無此光、天地亦冥頑不靈矣、萬物何處發生、光即元始威音也、象生輪迴者、因此光順出、作種種妄想、故幻出皮囊、積骸如山、積血如海、今一句說破、人身

兩目外、皆死物也、一目中元精元氣元神、皆在
可不重歟、眼光落地、萬古長夜、人在胎中先生
兩目、其死也先化兩目、昔觀音大士八十一化極其
變現、而目不動、佛之神威不能變在此處、衆生
倒能變、未死時、兩目已變種種矣哀哉。
或問曰回光與金丹工夫是一是二、師曰、回光
不止金丹、即宗門眞訣也、摩頂者此也、受記

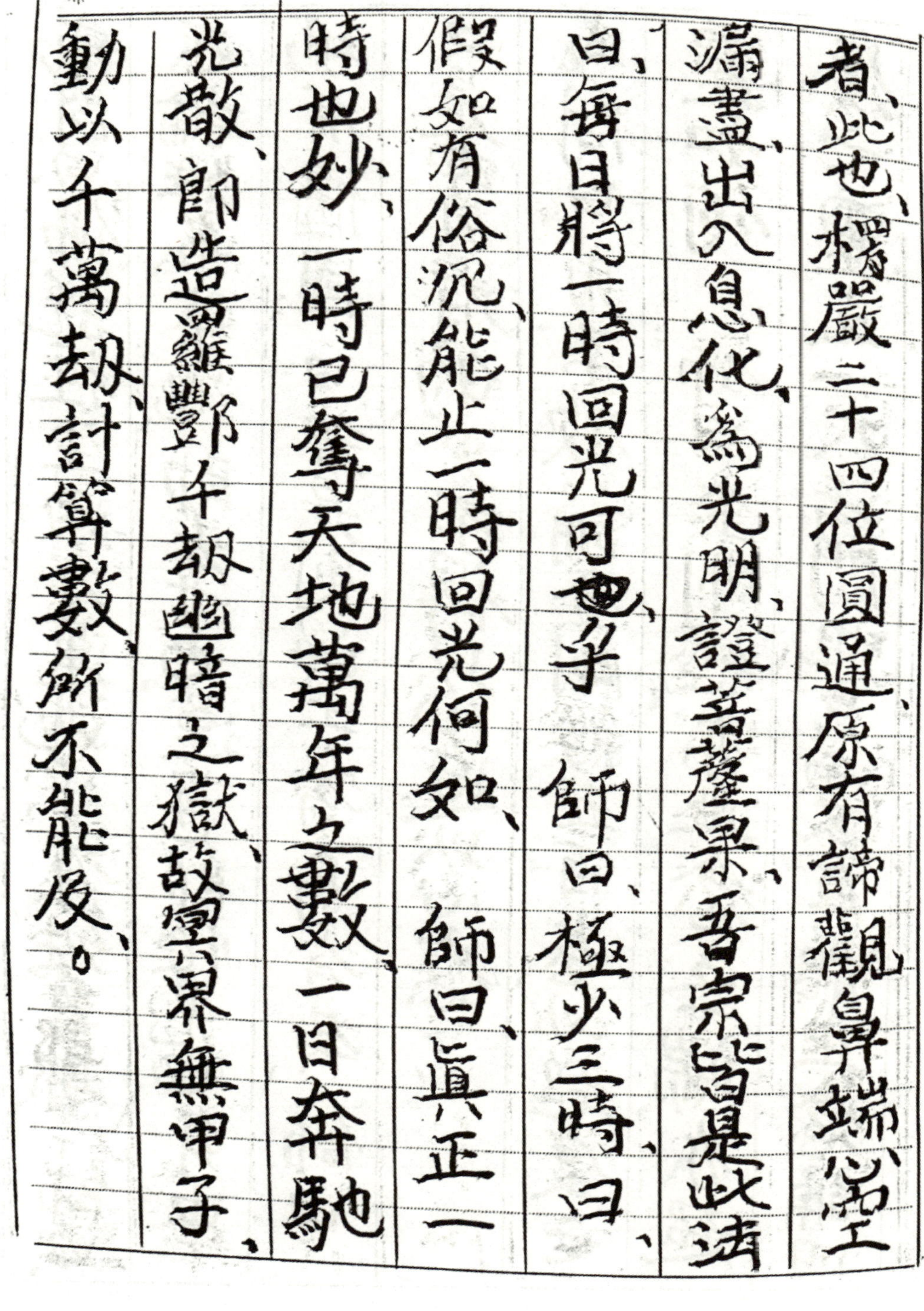

者、此也、楞嚴二十四位圓通、原有諦觀鼻端、空漏盡出入息化、爲光明、證菩薩果、吾宗皆是此法曰、每日將一時回光可也乎 師曰、極少三時、曰、假如有俗況、能止一時回光何如、 師曰眞正一時也妙、一時已奪天地萬年之數、一日奔馳光散、即造羅酆千劫幽暗之獄、故冥界無甲子、動以千萬劫、計算數、所不能及。

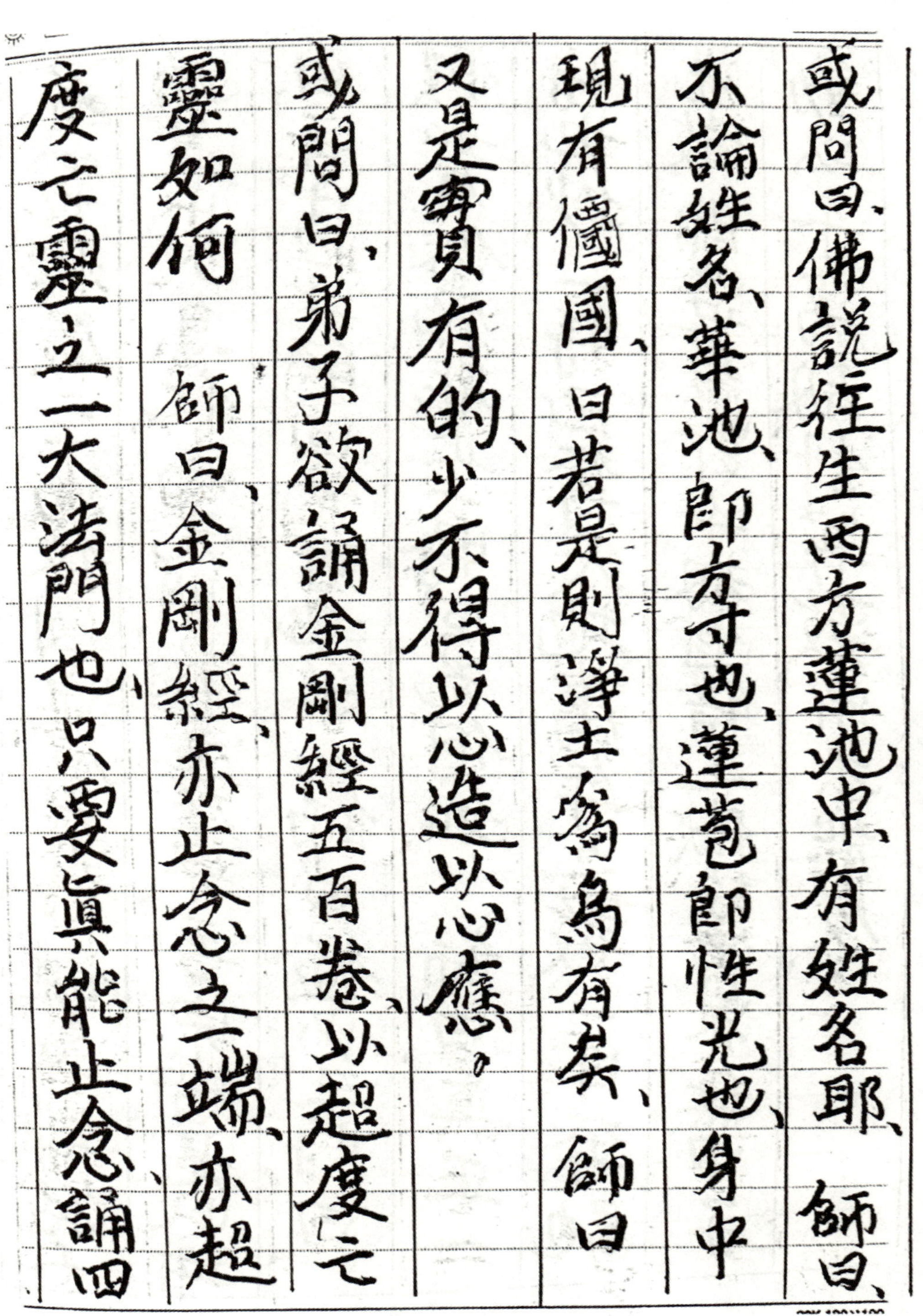
或問曰、佛說往生西方蓮池中、有姓名耶、師曰、不論姓名、華池、即方寸也、蓮苞即性光也、身中現有儼國、曰若是則淨土爲烏有矣、師曰又是實有的、少不得以心造以心應。

或問曰、弟子欲誦金剛經五百卷、以超度亡靈如何 師曰、金剛經、亦止念之一端、亦超度亡靈之一大法門也、只要真能止念、誦四

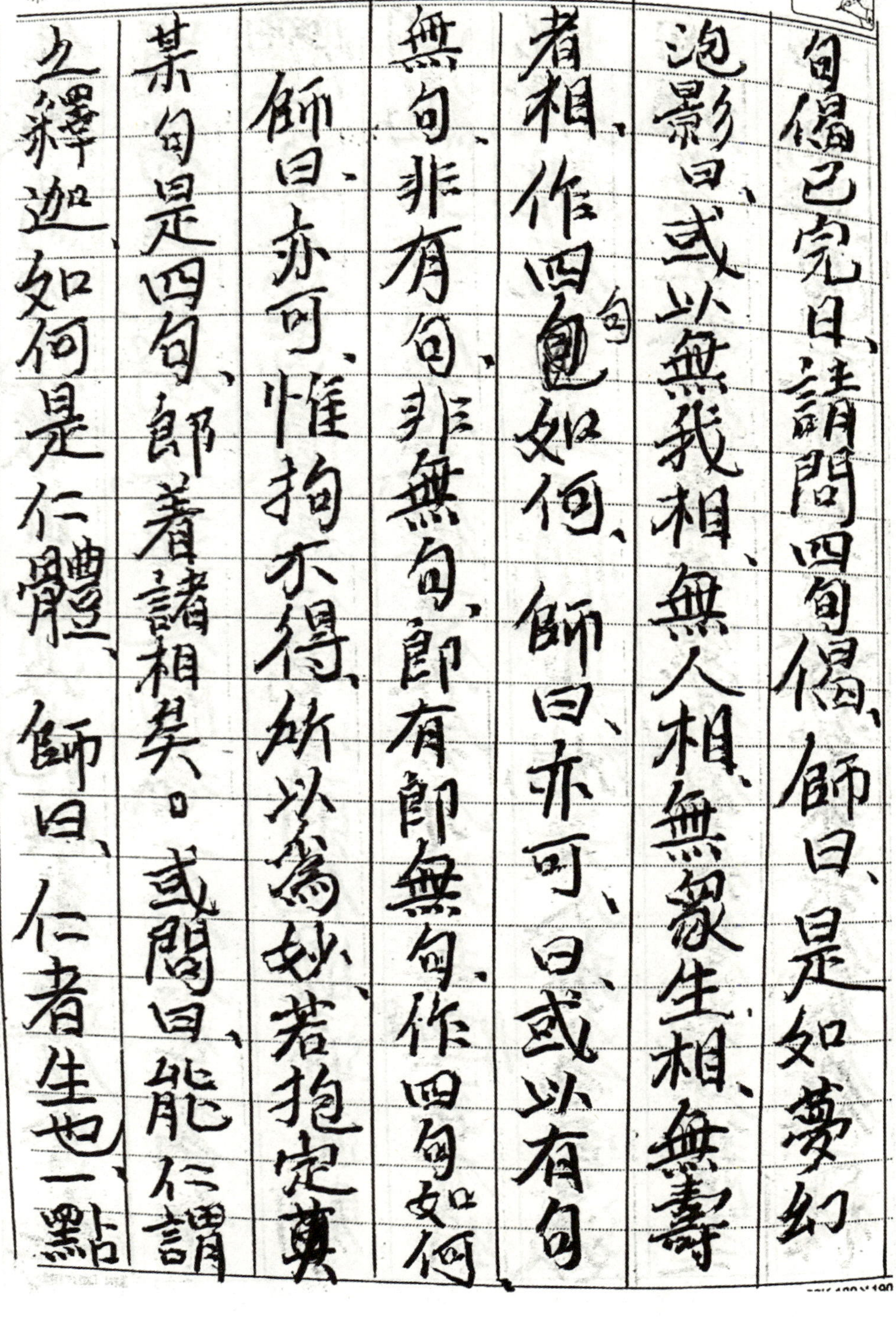

句偈已完曰、請問四句偈、師曰、是如夢幻泡影、或以無我相、無人相、無衆生相、無壽者相、作四句如何、師曰、亦可、曰或以有句無句、非有句、非無句、即有即無句作四句如何、師曰、亦可、惟拘不得、所以爲妙、若抱定其某句是四句、即着諸相矣。或問曰、能仁謂之釋迦、如何是仁體、師曰、仁者生也、一點

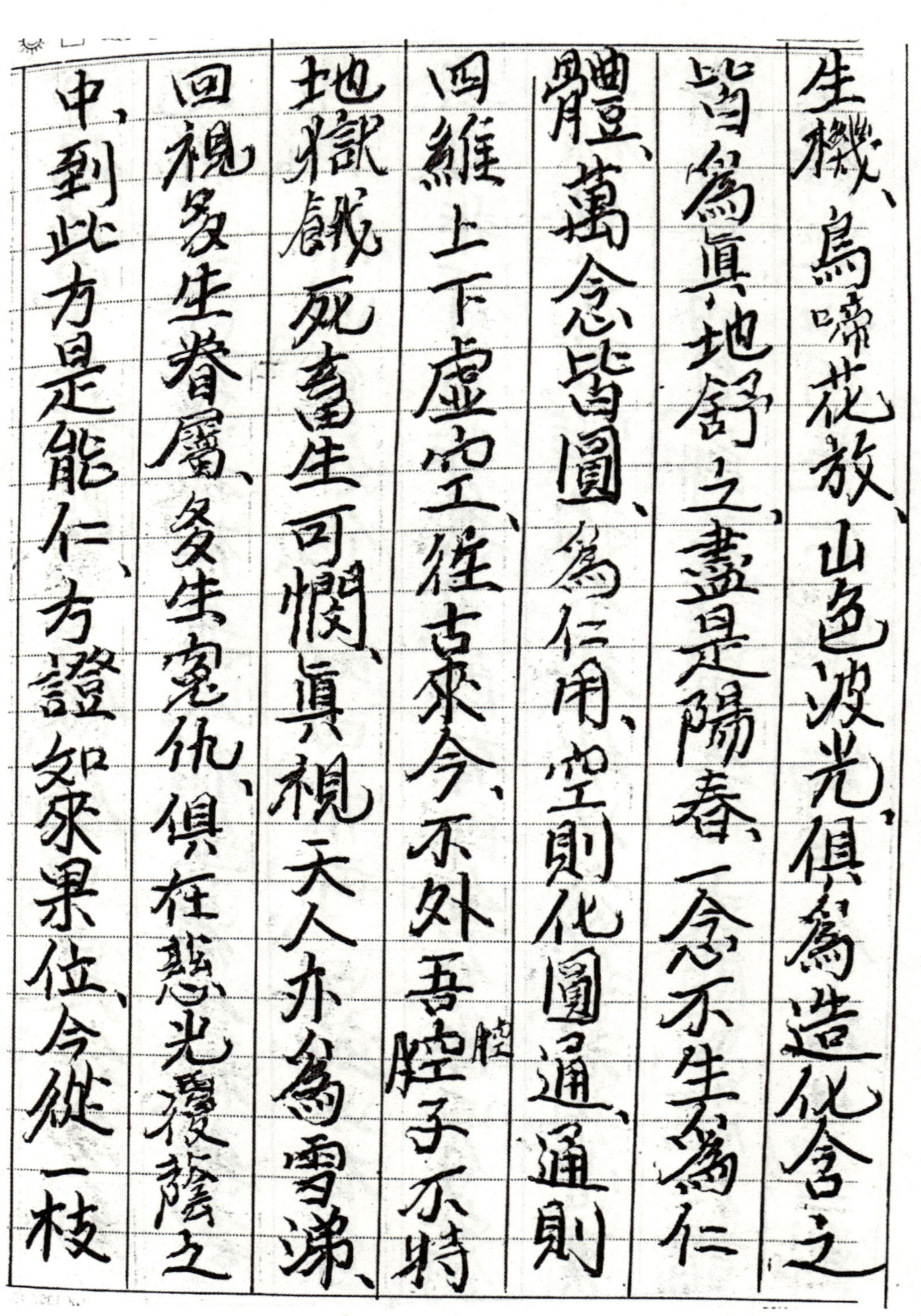
生機、鳥啼花放、山色波光、俱為造化含之
皆為真地舒之、盡是陽春、一念不生為仁
體、萬念皆圓、為仁用、空則化圓通、通則
四維上下虛空、從古來今、不外吾腔子不時
地獄餓死畜生可憫、真視天人亦為雪涕、
回視多生眷屬、多生寃仇、俱在慈光覆蔭之
中、到此方是能仁、方證如來果位、今從一枝

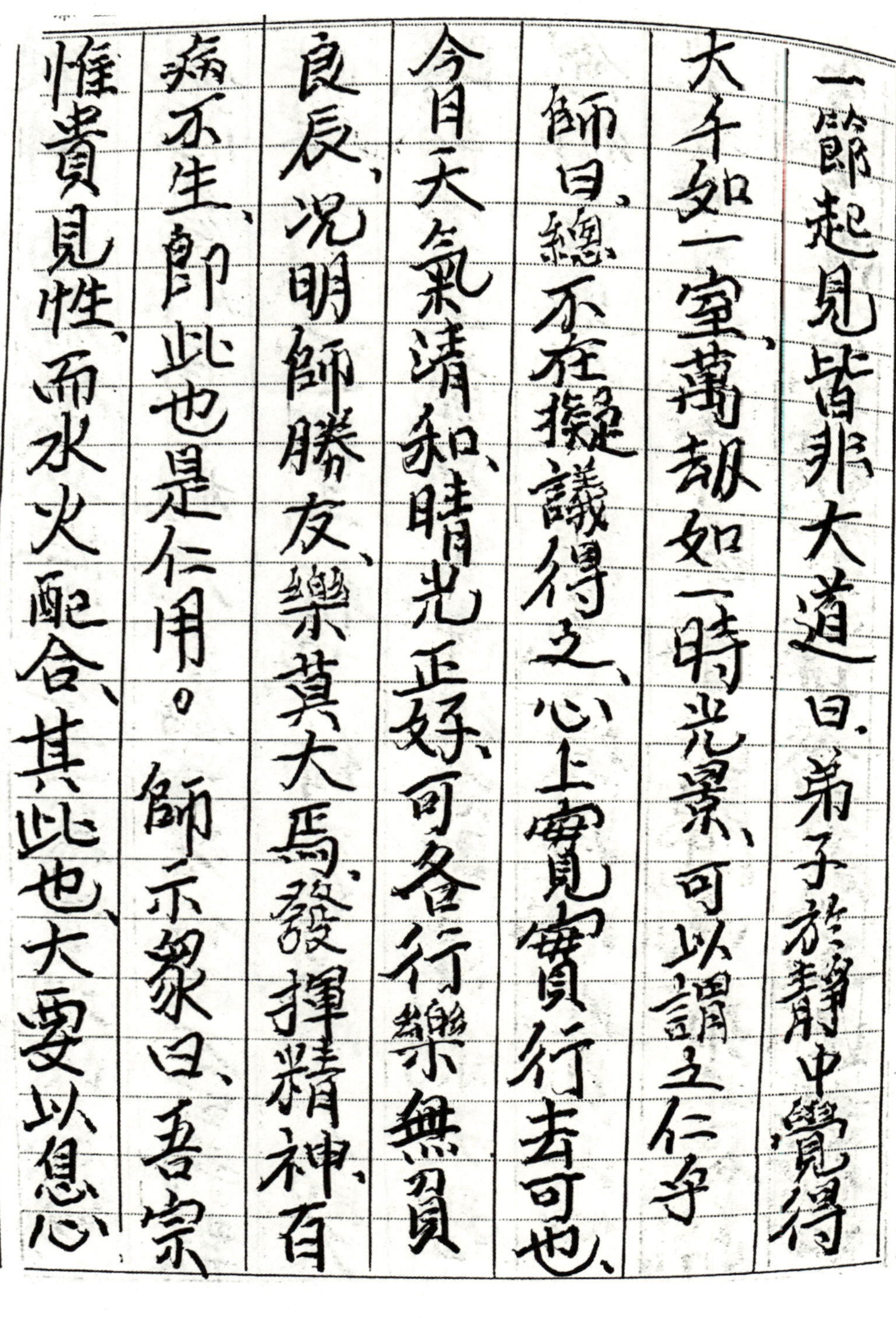
一節起見皆非大道曰、弟子於靜中覺得
大千如一室、萬劫如一時光景、可以謂之仁乎
師曰、總不在擬議得之、心上實見實行去可也、
今日天氣清和、晴光正好、可各行樂無負
良辰、況明師勝友、樂莫大焉、發揮精神、百
病不生、即此也是仁用。 師示衆曰、吾宗
惟貴見性、而水火配合、其此也大要以息心

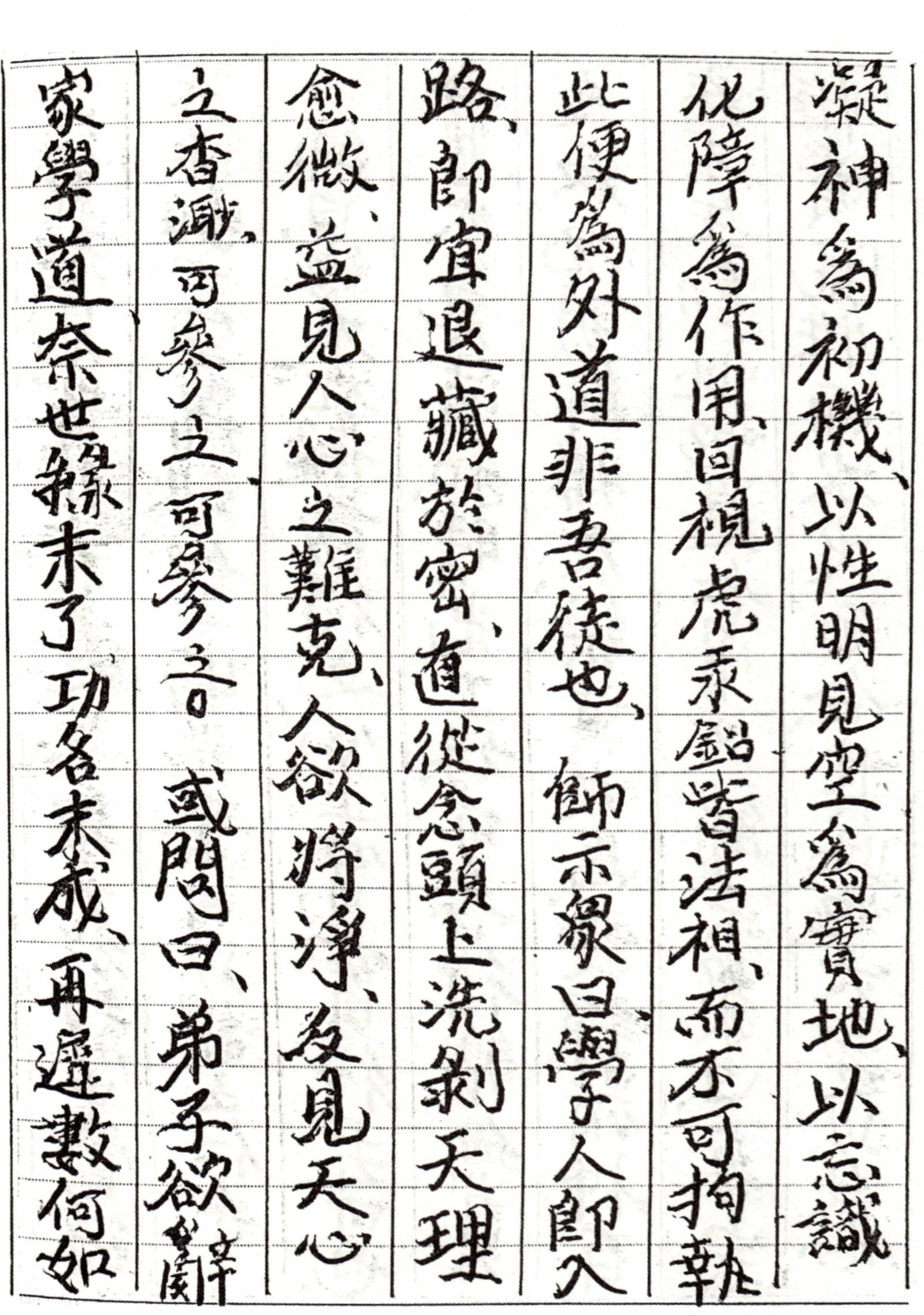
凝神爲初機、以性明見空爲實地、以忘識化障爲作用、回視虎汞鉛皆法相、而不可拘執、此便爲外道非吾徒也、師示象曰學人即入路、即宜退藏於密、道從念頭上洗剔天理愈微、益見人心之難克、人欲將淨、及見天心之杳渺、可參之、可參之否　或問曰、弟子欲辭家學道奈世緣未了、功名未成、再遲數何如

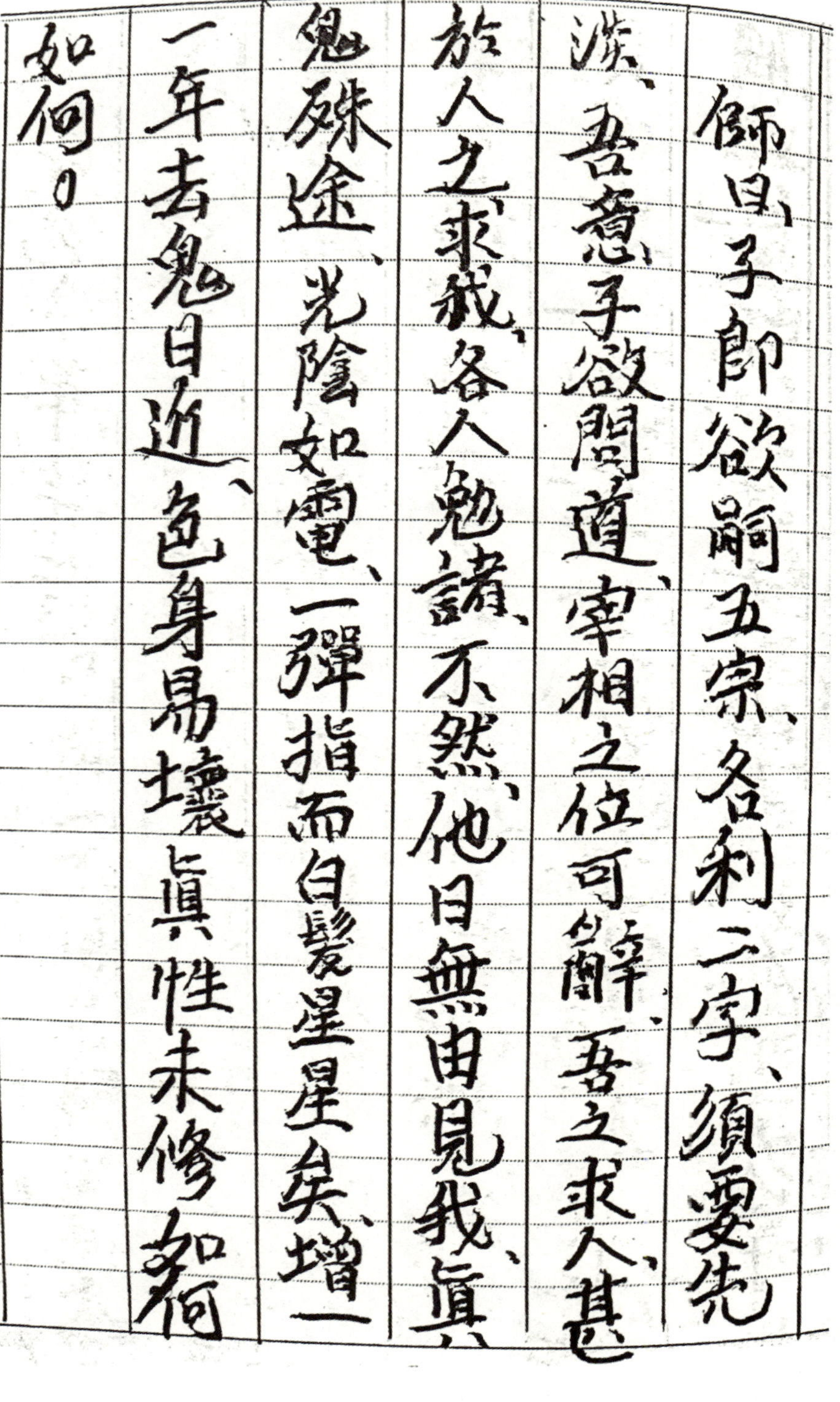
師曰、子即欲嗣五宗、各利二字、須要先
淡、吾意子欲問道、宰相之位可辭、吾之求人甚
於人之求栽、各人勉諸、不然、他日無由見我眞人
鬼殊途、光陰如電、一彈指而白髮星星矣、增一
一年去鬼日近、色身易壞眞性未修如何
如何。

目録

上册

邱長春祖師語録

太清元道真經註解[一]

太清元道真經序

元道者，玄元之上道，黃老之心秘也。元和中，孟讁僊降世，其胎親皆積至誠醇厚，讁僊又至慈敦孝，先感東山陶大通君，先示死生之變，因命執本根焉。本根即元道也。次感南統樊大君，戊戌歲降之，口授此經。故皆大紀樞要，直指長生久視之道，蓋黃庭云至道不煩矣。

太清元道真經註解

釋題曰：元者，本也，始也。道者，太上真一之道也。經者，徑也，本始之真元。此經最妙，故曰真經。

[一] 合明子隱芝內秀註。校對版本：《中華道藏·第二十三冊·太上老君元道真經註解》。

元道上篇

元道者，老君無上之道也。

無上者，爲窮高不測，爲最上之宗，故曰無上。

老君曰：其道有三，上中下也。

此分三丹田，上中下也。故上有泥丸，中有赤城，下有炁海，故曰三也。

黄庭道有上中下也。

僊經曰：一偶一奇之爲乎，味不再嘗，偶不再舉。

諸道各有三，皆其次也。

言諸道者，不一之道。故法有多門，爲煉丹而成，各相而舉，或控鯉而昇天，或乘龍而上漢，或祭醮而朝元，或咽氣而長生，或即溯流而延命矣。僊經曰：道有萬法，俱得長生，水有千源，盡朝東海，俱長生也。

老君中道與黄庭上道比之，道有此三經，其最上者，元道也。此道至高，虛無玄妙，澹泊無爲，動合自然，故學者難窺焉。

最上者，爲衆經之首，妙者，爲諸法之門。

非上士高機倏然自悟者，不可學也。

故學者宿著道緣，志同鐵石者，陰功助佑，僊氣合成，道成歸天。

非懼於死常舉於生者，亦不可學也。

弃非道之財如冤家，離妖冶之色若仇讎者，方可與道相合。

説諸中道多慕尚而行之，與此道難合，故久不降焉。

此者若棄真求假，雖得理而難成，是不合也。

若高機上士，特然行之，則自得無量也，

此者爲世人劣量淺學。選擇堅固，好生惡死之人，故曰高機上士也。

通易無量。

更無多難矣，出諸廣也。

又諸道皆有師奉，皆云犯罰不一，唯此道無諸犯罰，故無師奉。

《内教經》云：爲無爲，念不念，動不動。此三者真僞相參，使曲直相教，以名有犯罰也。

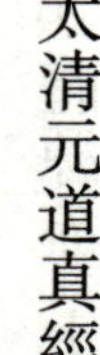

若諸小道，須擇山林處，乃可行之，

古高士混於塵寰，不可方可；中士隱於山林，方可不可。故元道與諸道，事有差别，法有捷門，亦無觸犯而返損，禁誡異端，虚成疾患者。此元道理合重玄，故無諸損也。

不然者有損也。

僊經曰：小道易惑，中人易敗。老子曰：不見可慾，使心不亂也。故無損也。

惟有此道，可以塵世而成之。

僊經曰：上道無爲，損而非損，至理自然，病而不病。老子曰：和其光同其塵，湛兮或存。

鼻引口吐，可以去乎寒熱，

老子曰：玄牝之門，此爲生死之根，綿綿兮若存。能用此理即可天長地久，寒暑難侵。故呵屬其心，心無積毒，故無寒暑。

及可排積元氣。

排積者，從麤入妙，微而成之，道自降矣。若人急用求當，返尅而無功，故曰排積也。元炁者，自然之炁，來自冥冥，降自虚無，悟者有無有用，而無無不無，故曰元炁也。

閉炁可以救饑劣，通百關，治萬病，非養炁復元也，咽炁可以救虚弱，非自然充滿也。

故上士脩真，妙中體妙，出入無爲，專守一道，玄中悟玄，不失元道也。故僊經曰：鼓腮强咽，當爲求死之由；閉極口奔，此是傷神之本。學道之人，切忌此也。

行炁可以潤肌膚，非常道也。

人能得志者，元炁充而有微，肌膚潤而光澤。雲行雨施，萬物滋也；炁充百脉，萬神靈也。僊經曰：無一毛不通於炁，無一節不住於神。

此道歸根復本，合於自然，故曰元道。

老子曰：夫物芸芸，各復歸其根。歸根曰静，静曰復命。大凡運用，須明三一，其炁自充，若忘而有爲，終當自悟，不能返朴歸根，此是失元道之理也。

若脩成者，堅筋補髓，固護五藏，清利泥丸，安静丹臺。

人若達道，筋骨自變，返少還童。《中黄經》曰：肌膚霜白筋骨青，地府除籍天録名，坐察

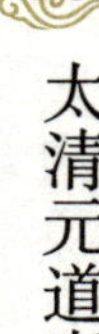

陰司役鬼神。得元炁精爽，恬淡自然，天地護衛，毒物不行，諸疾不生。《黄庭經》云：骨青筋赤體如霜，七竅去不祥，永得安也。

六不妄入，三不妄出者，此道也。

大凡脩道，切忌六欲，内關於心，濁亂於神，濁於心，滯於炁，六欲動，起六情，六情動而六根濁，六根濁而六情染，六情染而與真道遠矣。三不出者，三丹田中三元正炁不可妄而施泄，爲三丹田中有三元，三元凝而成三一，三一化而生三魂，三魂變而都萬神。萬神者，元道陽神也。故元神而成炁，炁結而成精，精化而爲萬神，故曰神。神者炁也。炁者精。精者道也，道者物也。老子曰：恍恍惚惚，其中有物。物不可忘物。僊經曰：施炁於人，能生其人；留炁於身，能生其身，故不妄出也。《黄庭經》曰：若當决海百瀆傾，葉去樹枯失青青，故不得出也。

穢濁盡出，真炁倘佯，身騰太空，上爲真人。自古登真者，皆因此道也。

穢濁出者，謂久久而行，方得大道。五穀滓穢，自然頓絶也。僊經曰：子欲不死，腹中無滓，故曰盡出也。

元道中篇

人者，萬物之中至靈，與天地俱生於虛無之始，元炁結而成形。形既將立，則十天神降在人身中，化爲神矣。

老子曰：積精聚炁，父母和合，陰陽交媾始一月爲胚；二月爲胞；三月爲胎，形兆分也，三魂降焉；四月四神衛，四神者，青龍白虎朱雀玄武也；五月五藏安鎮也；六月六律名六根也；七月生七魄也；八月八景見，和真八神也，八景者，五藏、三丹田是也；九月安九宮，生九真，九宮者，在泥丸周匝上下是也；十月成形，十天神降，元道炁全，方得受生。故曰與虛無天地同生。老子曰：天地媾精，已生其人。

故能成其人矣。

爲得元道而成形也。

既與天地同生於虛無之始，合與天地齊壽。今且天地久長即爲人不能長久者，何也？曰：天地能長久者，蓋爲温靜柔和，不移本性，常守虛寂，湛然不勞，而得自然之道，元真不散，故能久長也。人不能長存者，緣

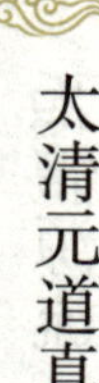

生妄想，移於本性，不執自然，不守其根，自取其勞，常求自益，思慮不息，關機萬端，故元氣隨欲而消散，故不得長生也。

人不能與天地長久者，天無爲而人有爲，地無欲而人有欲，天常明而人自昧，地基敦而人自浮，天炁輪而人炁滯，地伏泉而人有炁，此者與天地相返，自不守元道而體虛無，故不能同也。命延億載者，爲留炁身中，存其命也。

六根本來虛静，爲人自生妄想，六賊所牽，終不得歸根。因此六賊：心妄生，目妄視，耳妄聽，鼻妄香，口妄言，舌妄味。終不能歸根，故不可永存也。歸根者，爲復元炁之根本也。

凡爲賊亂中和，失其本性，心有妄而神自亂，目有妄而外視，耳有妄而外聽，鼻有妄而失靈關，言有妄而失真行，舌有妄而玉液不結，皆因妄牽，去道遠矣。

復元炁之道，别無他法，但降心湛寂而已矣[二]**。人常能虛心湛寂，則自然**

二　米晶子註：元炁之道，湛然而已。

元炁復也[三]。復元炁之法，當以滅息爲候。心神湛寂，其息自滅。滅半息，增半壽也。

半息者，爲人一晝一夜有一萬五千息。若能歸根定住不至出入者，延命本壽外一半。

從滅息至無息，則復元歸本矣，故可住世永劫而不壞也。

閉息之道至妙，寄意念神，冥然體道，道復歸身，神復歸根，玄關微出，久而成真也。經曰：凡人以有息爲常，聖人以無息爲常。陰符經曰：死者生之根，爲無息之道也。

動而有息，靜而無息。故無息者，自然之道也。脩元道之士，常宜以無息爲是，有息爲非，無息爲常，有息爲妄，先以滅息爲事則易而功多，若不以爲事則難而功少，但湛然養炁，則三靈歡然，神魂暢焉，則元炁不習而至矣。

老子曰：人能常清靜，天地悉皆歸。《黄庭經》曰：心意如致欣昌，此之謂也。

黄庭之道，有三十六慎，每一慎爲應，至三十六應乃爲半功。諸道應慎

三　米晶子註：心者天心也，非肉心也。

皆多，惟元道總一慎三應則成功也。

故脩道之士，積功而煉精炁爲定。

一慎者，慎其休止也。

故脩道内守堅固，事無暫忘，故不可休止也。若慎而止，萬無一失。

三應者，三轉意也。一轉意一百日。

爲次第而功積，相家有其月數。

第一應一百日，有事可止，無事可減，至此則塵慮自減。

煩事俱不能興動也。

虛澹日增，此爲第一應也，小功成矣。第二應二百日，忽忽自止爲第二轉意，至則不食五穀，不嗜五味，無大饑渴，是中功成矣。

人至二百日後，小功成而中功滿，永無饑渴。

第三轉意者，三百日元炁兀然自住，元道歸根，饑渴不至，寒暑不侵，死籍永除，天地齊壽，通世爲一周，此是大功成矣。

得道之後，地府除籍，上天録名，東斗註算，西斗註禄，北斗落死，南斗上生，字標僊録，永爲真人矣。故曰死籍永除矣。位入真僊，出入華胥之國，棄賤人間，因此而昇天。

有事止無事滅者，功萌也。此法但有事無事皆可滅矣，則元炁漸復也。忽忽自止者，元炁將定也。兀然自止者，元炁已定也。定者，萬物皆壞，惟此定身永不動矣。大君曰：從滅息至無息，從無息至定。定者，不取不捨，是無爲之定，非執定之定也。得此定者，陰陽自調，四時自離，元炁自滿，衆神自栖，惠通玄奥。

老子曰：其智自悟，從無入有也。

故陰陽調則百病不生，四時離則寒暑不侵，元炁滿則永無饑渴，衆神栖則兵虎不害，惠通玄奥則萬事不生，皆自然之道成矣。

惠謂不出户知天下，不窺牖見天道。

大君曰：人之思慮不一者，元炁皆銷散，陰魄盛矣。惟此道功成，妄自滅也。

脩道之人，至三百日後猶有陰魔相惱，尸鬼動搖，忽自猖狂，轉生情切，往往自退，切宜守也。

縱有所發無不善也，所用無不中也，故有善發、有惠發、通發，皆自然而然也，永無喜怒哀懼驚惡之發矣。

人志道，喜怒俱息，禍害不生，永得功行相承，妙自致矣。

大君曰：長生無他。神全、炁全、形全而已。神全虛無，炁全湛寂，形全清靜。元炁充積，

充者滿積者，結衆化成神明也。

形永存矣。神炁皆全，故能舉形而昇僊矣。

住氣兼行氣法

訣曰：調炁減息，其功稍遲，若住炁兼行炁，其功倍也。住炁者，候神安和，久而寧帖，因而住之，至於極者爲行通。每候鷄鳴前至寅時，可行五七通，漸漸加至十通，或作意漸增之，意炁俱定，即定，恬自極。

初可以鼻進，數息便住，至極有益無損，甚微妙也。

每住息之時，須候常喘息，出了便住，此名外炁不忤。亦須先凈一室，擇其良友專數其息，此要漸漸增多也。

如此行減息之道，功倍速成。

陰符經曰：絕利一源，用師十倍。

其慎者，吐引大奔。初脩之士故未免也，不得不慎，其奔吐宜慎之爲妙。

不慎者，忽有内傷，心見反損也。僊經曰：出微微入綿綿，明至理自通玄。

大君曰：住炁可以通百關，除堅滯，治萬病，導元炁。

脩行人住炁，若園人灌畦，一滿而水通百脉，衆物皆滋也，一炁而靈變萬神，三丹俱王，故言要在導乎元炁。

若百關不通則減息，元炁隨意自開，津路流註，元炁與津液所及之處，先化爲髓，永不壞也。

《中黄經》曰：蒸筋曝骨達諸關，握固漸通開百竅。百竅關連總有神，由子軀除歸我身。怡

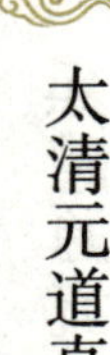

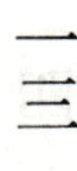

然得達自明真，自明之道永長存。故不壞矣。炁初時則覺遍身微熱，此是元炁充滿四肢，盈溢百竅，故曰在此應也。即須握固，運入三丹田。三丹田出，故流遍於身，通於百神，可使毛髮躑躅，容貌光芒，顔如處女。僊經曰：無一毛不通於炁，無一節不住於神。此是煉骨法，久久集之，則金髓玉骨長生僊矣。

大君曰：減息住炁，以無息爲常，定炁爲功。若猶減息則功遲，若專住炁則難得至於無息。若通百關兼行炁減息，則元炁自然充盈，其功速倍而成矣。元炁全身以不舉不動爲頭，以不出不入爲足是也。泯其萬境，息此六情，普洗煩心，袪滌諸想。

元道下篇

下篇無他法，皆言報功。經曰：但是首篇，不見其文，道成將舉乃可見也。言其報功者，報脩元道之功也。經曰：報功之事，皆是僊家靈變，神用之儀飾，駕馭之靈物，宮闕之異觀，飲饌之珍羞，引從之童僕，賞玩之玄樂，以報脩行之功矣。萬代記録，如茅君九錫爲上道又百倍。學

元道者，無辭勤矣。下篇首目約數十篇，所記者五篇，今以録之。

《中黄經》曰：人得道之後，昇身於寥天之上，馭以九霄之儀仗也。天尊所賜者，十方彩女各執旌麾，百龍引駕，玉童相隨，前有龍幡，後有虎旗，羽服飄飄，八風齊吹，八鸞而後鳴成歌，九鳳而前唱成曲。項戴七曜玲瓏之冠，足著五色捲雲之履，裙拖蟬帶之裙，帔搭離羅之帔，佩於金虎之印，上朝太清僊帝者。帝者，金闕玄元老君。功報一，志報二，不退報三，不怠報四，不須捨報五。元道報别録。大君者，是南斗之中長生大君也。此五者不捨，則元道功無不成矣。所慎休止，若不休止，萬不錯矣。塵世之事或難行之，時有休止，休止之中，不可不慎，今録戒慎於後，爲慎休之者言矣。一大息，減二日功。一小乏，減二日功。一大乏，減三十日功。一小醉兼吐者，減六十日功。一大醉兼吐者，減一年功。一犯慾，減三十日功。一大嗔，減二十日功。一哀一懼，各減七日功。一飽一饑，各減五日功。一驚，減十日功。一勞一倦，各減二十日功。一煩一燥，各減五日功。一忿，減十日功。

凡飲食觸犯，寒暑過差，風濕所及，起居失節，言語散雜，

老子曰：多言數窮，不如守中。僊經曰：閉言之人，與道合真。又防泄天機。《易》曰：慎

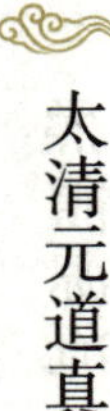

言語，節飲食，内守冲和。恐失其道也。經云：與人争曲直，陰功減算壽。

思慮煩多，此皆減損元炁。隨所犯輕重，度所減多少，隨日而補之不可懈怠。所言減者，損也。所減幾日，并是減其實功。脩元道之士，深宜慎之。元炁難積而易散，關節易閉而難通。住炁固不可絶，其所減尤宜精至。凡脩，取五更初，起坐梳頭，熟通一百餘過，披頭，隨意導引摩掔四肢，呵吐濁炁，微微然待元炁調帖，無思慮，心湛寂至微，自然喘息微而其息自減，減至半息增半壽，減至無息元道之功成矣。古之真人，勤而行之，頃刻無捨者，一年功成矣。若是日行二時之功者，五年成矣。脩成此道者，乃爲太極元上真君。此經從古至今，太上傳十九人，皆各登僊昇居太極，其經不留於世。自大唐元和戊戌歲，南統大君因傳孟謫僊，孟謫僊轉傳於世，至虚至妙，遇而秘之，非人莫傳，傳之則殃及玄遠。

讚曰

有元道兮，虛無之祖，冥涬之根，萬經之首。三一之門，說大魁廓，旨細微塵，杳兮得信，寂兮通神，産其有象，斗宿星辰，論其氣也，永骨靈根。唯我元道，不澄自皦，濁之不渾，無無之教。至定歸根，元剛發泄，夫物芸芸，三十五分，得一長存，惟我元道，獨處爲尊。無象之象，無始之魂，輪轉日月，包裹乾坤。圓兮張兮，敦兮復淳，性善利物，養乎群民，過貪者損，不足者均。自然非有，本合乎人。

太上老君元道真經註解終

太上老君說常清靜經註[4]

老子傳節録

老子者，楚之苦縣厲鄉曲仁里人也。生於周定王三年，生而皓首，故稱老子，姓李名耳，字伯陽，謚曰聃，周守藏室之史也，亦云柱下史。孔子適周，將問禮於老子。老子曰，子所言者，其人與骨皆已朽矣，獨其言在耳，君子得其時則駕，不得其時則蓬蔂而行，吾聞之，良賈深藏若虛，君子盛德，容貌若老，去子之驕氣與多欲，態色與淫志，是皆無益於子之身，吾所以告子者，若是而已。孔子去，謂弟子曰，鳥吾知其能飛，魚吾知其能游，獸吾知其能走，走者可以爲網，游者可以爲綸，飛者可以爲矰，至於龍，吾不能知其乘風雲而上天。吾今見老子，其猶龍

四 水精子註解，混沌子附圖。校對版本：癸丑菊月，蓬瀛僊館重刊版《太上清靜經》。其錯漏部分參考『民國六年歲次丁巳三月愛蓮堂重刊版』《太上老君說常清靜經》，及巴蜀書社出版《藏外道書・太上老君清靜經圖註》《正統道藏・洞神部玉訣類・太上老君說清靜經註》。

耶。老子脩道德，其學以自隱無名爲務。居周久之，見周之衰，廼遂去，至關，關令尹喜曰，子將隱矣，强爲我著書，於是老子遂著書上下篇，言道德之意，五千餘言而去，莫知所終。

太上老君清静經叙

昔鴻濛分判。陰陽始列。輕清上浮者爲天。其質陽也。重濁下凝者爲地。其質陰也。清濁相混者爲人。惟人禀乾坤而交以成性。受陰陽而感以成形。得五行之化育。而五臟五德五靈。由斯而全焉。受六合之交感。而六腑六根六神由斯而備焉。列三才之品。爲萬物之靈。世間難得者，人也。人生難得者，道也。夫人與天地同才。而不能與天地同長久者何也。皆因不知消長之理也。人與僊佛同體。而不能與僊佛同超證者何也。皆因不知先天之道也。人與君臣同形。而不能與君臣同富貴者，何也？皆因不知積德之功也。人與萬物同性。而不能與萬物無傷者，何也？皆因不知惻隱之心也。然而不知消長之理。先天之道。則天堂路閉。地獄門開矣。太上老祖。道成天上。位證清靜。意欲人人脩道。同享清靜。故著清靜之經。演長生之訣。流傳天下。化醒原來。其經至簡至易。極妙極元。其句九十有六。正合九六原人之數。以應乾坤之卦也。其字三百九十有四。除開河圖生成之數。以應八卦之爻也。又得混沌子之慈悲以列圖像。更仗水精子之聖才以增註解。共分二十四章。章章珠璣。同參二十四圖而圖圖沉檀。條分縷析。剴切詳明。真乃度人之寶筏。醒夢之晨鐘。救人之靈丹。昇仙之階梯也。實為慕道之禪杖。辨真之藥石。劈旁之斧鉞。照幽之炬燈也。是道則進。非道則退。言非淺近。理數顯微。若有善緣得遇。便是三生有幸。須當盥手恭讀。理宜過細體閱。不看之時。高供神堂。則有丁甲守護。更能鎮宅驅邪。早晚跪誦。并可消災解厄。積德感天。自有明師相遇。低心求指經中之玄。下氣懇傳先天之道。照經脩煉。功果完備。在儒成聖。在釋成佛。在道成僊。若是天下同人。依是經而尊之。得是道而脩之。千難不改。萬難不退。日將月就。三千功滿。八百果圓。丹書下詔。脫殼飛昇。逍遙清静。浩刦長存。豈不美哉。不負太上度人之婆心也。以念聖德之慈意。學者其毋忽焉。此是道德天尊之厚望也。夫是爲叙。

旹　甲辰年乾月望日文昌帝君序於朝陽古硐

太上老君説常清静經

老君曰。大道無形。生育天地。大道無情。運行日月。大道無名。長養萬物。吾不知其名。强名曰道。夫道者。有清有濁。有動有静。天清地濁。天動地静。男清女濁。男動女静。降本流末。而生萬物。清者濁之源。動者静之基。人能常清静。天地悉皆歸。夫人神好清。而心擾之。人心好静。而慾牽之。常能遣其慾。而心自静。澄其心。而神自清。自然六慾不生。三毒消滅。所以不能者。爲心未澄。慾未遣也。能遣之者。

内觀其心。心無其心。外觀其形。形無其形。遠觀其物。物無其物。三者既悟。惟見於空。觀空亦空。空無所空。所空既無。無無亦無。無無既無。湛然常寂。寂無所寂。慾豈能生。慾既不生。即是真靜。真常應物。真常得性。常應常靜。常清靜矣。如此清靜。漸入真道。既入真道。名爲得道。雖名得道。實無所得。爲化衆生。名爲得道。能悟之者。可傳聖道。

太上老君曰。上士無争。下士好争。上德不德。下德執德。執著之者。不明道德。衆生所以不得真道者。爲有妄心。既有妄心。即驚其神。既驚其神。即著萬物。既著萬物。即生貪求。既生貪求。即是煩惱。煩惱妄想。憂苦身心。便遭濁辱。流浪生死。常沉苦海。永失真道。真常之道。悟者自得。得悟道者。常清静矣。

僊人葛公曰。吾得真道者。曾誦此經萬遍。此經是天人所習。不傳下士。吾昔受之於東華帝君。東華帝君受之於金闕帝君。金闕帝君受之於西王母。西王母皆口口相傳。不記文字。吾今於世書而録之。上士悟之。昇爲天官。中士脩之。南宫列僊。下士得之。在世長年。游行三界。昇入金門。

左玄真人曰。學道之士。持誦此經者。即得十天善神。擁護其身。然後玉符保神。金液鍊形。形神俱妙。與道合真。

正一真人曰。人家有此經。悟解之者。災障不干。衆聖護門。神昇上界。朝拜高真。功滿德就。相感帝君。誦持不退。身騰紫雲。

太上老君説常清静經終

清靜經圖註

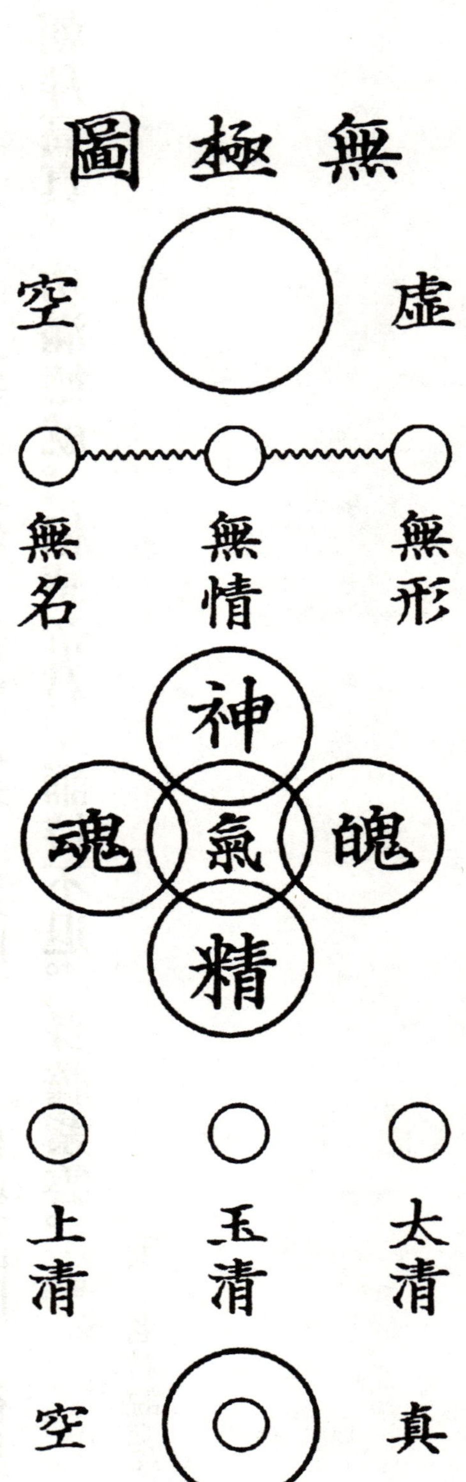

無極品第一

老君曰。大道無形。生育天地。大道無情。運行日月。大道無名。長養萬物。

老君曰。老者、乾陽也。君者、性王也。曰者、説談也。夫老君之出。莫知其源。自混沌以來。無世不出。上三皇號萬法天師。中三皇號盤古神王。後三皇號鬱華子。神農時號大成子。

軒轅時號廣成子。千變萬化。難以盡推。或化儒聖。或化釋佛。或化道僊。隱顯而莫測。或著感應。或著道德。或著清靜。功德以無邊。大道無形者。大爲無外。道爲至善。無是無極。形爲踪迹也。夫大道者。本鴻濛未判之元炁。有何形質之見耶。生育天地者。生、爲生化。育、爲含養。天、爲陽氣。地、爲陰氣。而天地均由大道之生也。每逢戌亥二會爲混沌。混沌者。無極也。以待子會之半。靜極一動而生陽。陽氣上浮以爲天。在人爲玄關。以待丑會之半。動極一靜而生陰。陰氣下凝以爲地。在人爲丹田。故曰天開於子。地闢於丑也。大道無情者。夫道本屬先天。無聲無臭。情者本屬後天。有作有爲。無情是無爲之道也。運行日月者。運是旋轉。行爲週流。日爲金烏。月為玉兔。日屬離卦。則有寒暑之來往。月屬坎卦。則有消長之盈虧。在人爲聖日聖月。照耀金庭。大道無名者。名是名目。先天大道。無形無象。無始無終。無首無尾。有何名字。強名曰道。長養萬物者。長爲長生。養爲養育。萬物、是胎卵濕化。昆蟲草木之類。皆得先天之氣而生者也。世人若肯回頭向道。訪求至人。指示身中之天地。身中之日月。脩無形無情無名之道。煉神寶氣寶精寶之丹。返上清太清玉清之宮。證天僊金僊神僊之果。逍遙物外。浩劫長存。這等好處。何樂而不爲也。

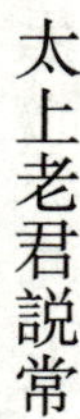

木公老祖詩曰。道德天尊演妙玄。尊經一部是真傳。求師指破生死竅。得訣勤脩龍虎丹。箇箇同登清靜道。人人共上彩雲蓮。無極宮內受封後。快樂逍遙自在僊。文昌帝君詩曰。一部真經度世船。五湖四海任盤旋。若不點破經中理。枉費工夫拜幾筵。各里玄機惟一撥。壺裡春色數千年。天尊口訣斯經露。按法脩行赴九天。

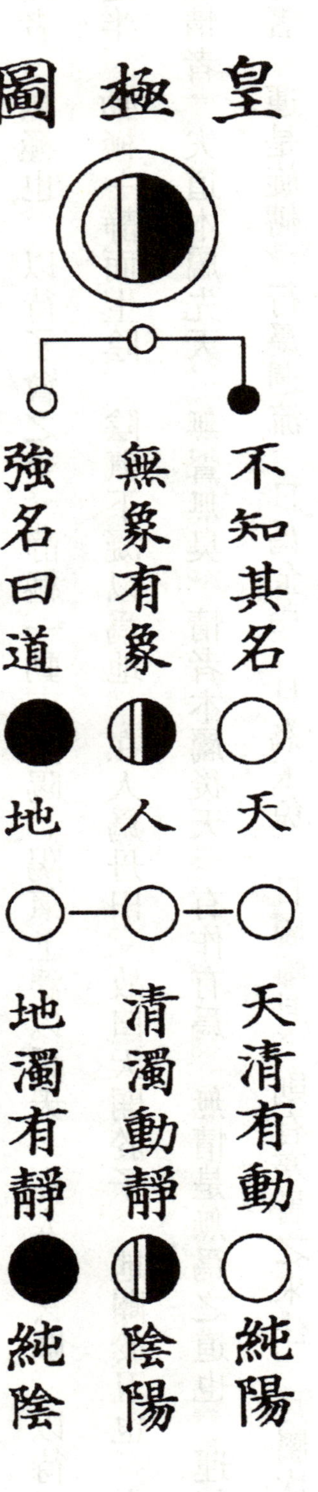

皇極品第二

吾不知其名。强名曰道。夫道者。有清有濁。有動有靜。天清地濁。天動地靜。

吾不知其名者。吾乃我也。是太上自嘆。大道本無形象所定。更無名色所擬。由强勉取名曰道。夫道字雖曰强勉。以字義而推之。實不强也。何矣。倉頡夫子造道字。深隱玄蘊。夫道字先寫兩點。左點爲太陽。右點爲太陰。似太極陰陽相抱。在天爲日月。在地爲烏兔。在人爲兩目。在脩煉爲回光返照也。次寫一字。乃是無極一圈。此圈在先天屬乾。易曰乾圓也。鴻濛一破。其天開也。圈折爲一。易曰乾一也。經曰天得一以清。地得一以寧。人得一以聖。儒曰惟精惟一。釋曰萬法歸一。道曰抱元守一。次寫自字於下者。言這一字圈圈。日月團團乃在自己身上。儒曰道也者。不可須臾離也。可離非道也。上下相合。成一首字。首者頭也。脩道是頭一宗好事。次寫走之者。行持也。乃週身法輪自轉。此名道字之義也。夫道者。乃性與天道。不可得而聞也。有清天氣也。有濁地氣也。有動陽氣也。有靜陰氣也。天清純陽也。地濁純陰也。天動乾圓也。地靜坤方也。清濁動靜。在天顯象於日月。在地顯象於春秋。在人顯象於聖凡。日爲陽常圓常滿。月爲陰有晦有虧。春爲陽而萬物發生。秋爲陰而萬物頹敗。聖爲陽脱殼以昇僊。凡爲陰壽終以爲鬼。此謂清濁動靜之理。大概而言之也。不知世間乾坤男女。可知身中清濁動靜否。若是不知。急早積德。感動天心。明師早遇。指示身中之大道。聖日聖月之照臨。將濁陰之氣而下降。提清陽之氣以上昇。寂然不動謂之静。感而遂通謂之動。常以有欲。以觀其竅。動也。常以無欲以觀其竅中之妙者。静也。採𤎖者動也。得𤎖者静也。九節玄工。節節有動静清濁。須待口傳心授。方可了然於心。成僊有何難哉。

呂祖詩云。清静妙經亘古無。水精註後理方舒。品分廿四超三界。大地遵崇獲寶珠。

關帝詩云。一卷無爲清静經。旁門外道不相親。改邪歸正循天理。長生不死也由人。

觀音詩云。陰陽動静在人天。皇極中空練鉛汞。識得濁清升降法。明燈不昧照三千。

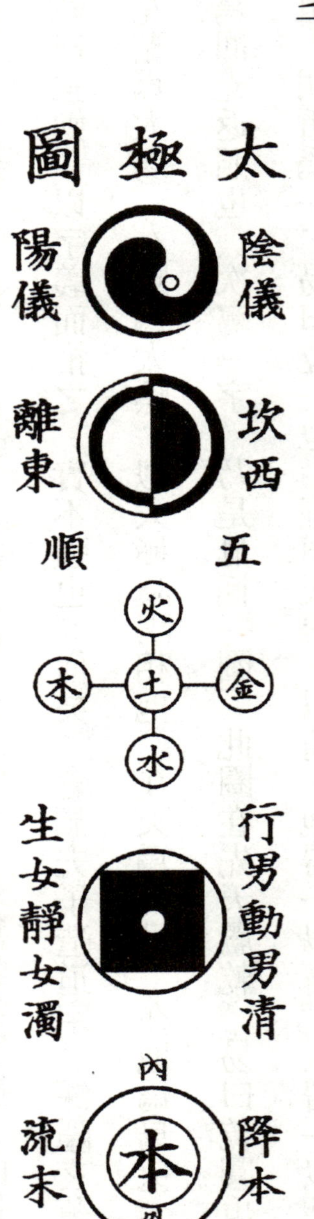

太極品第三

男清女濁。男動女靜。降本流末。而生萬物。

男清女濁者。男稟乾道以成體。故曰清也。女稟坤道以成形。故曰濁也。男屬太陽。而陽中有陰。離中虛也。女屬太陰。而陰中有陽。坎中滿也。故曰男子十六清陽足。女子十四濁陰降。清陽者壬水也。濁陰者癸水也。壬爲白虎。癸爲青龍。故僊家有降龍伏虎之手段。返本還原之天機。是以長生而不死也。男動女靜者。男稟天之氣以生。女稟地之氣而成。故曰天動地靜也。此男女之論。非實屬男女也。陰陽而已矣。降本流末。而生萬物者。降爲生。流爲成。本爲始。末爲終。是故萬物乃人之末。人爲萬物之本。人又爲天地之末。天地爲人之本。夫人不可以無本。亦不可以無末。本者體也。末者用也。則兩不相離。天地以太空爲本。而生人畜萬物。人畜以至善爲本。而生週身百體。天不失其本。則天且長且久。人不失其本。則人爲佛爲僊。亦可以與天地同壽矣。夫人自古皆有死。何由不至於死也。豈不聞呂氏春秋曰。人能一竅通則不死。其壽在神。聖經云。物有本末。事有終始。知所先後。則近道矣。道經云。生我之門死我户。幾箇惺惺幾箇悟。夜來鐵漢自思量。長生不死由人做。噫嘻。

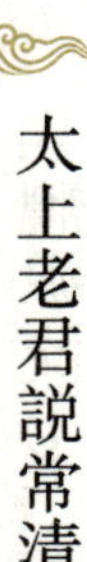

這玄關一竅。異名多端。儒曰靈臺、至善太極無思無慮之天。己所獨知之地。釋曰靈山、虛空、皇極南無涅槃之天。阿彌陀佛之地。道曰靈關、金庭、無極三清紫府之天。萬殊一本之地。三教名雖異。而其所一也。在儒得此竅而成聖。在釋得此竅而成佛。在道得此竅而成僊也。只是此竅上蒼所秘。而三教聖人。不敢明洩於書。防匪人得之。恐遭天譴。必要訪求至人。低心受教。指示此竅次第工夫。是道則進。非道則退。若是以泥丸顖門。印堂頑心。肚臍心下。臍上下丹田。兩腎中間一穴。尾閭、夾脊、玉枕爲玄關者。皆非大道之所也。

上道古佛詩曰。女女男男濁濁清。還從本末覓真情。有爲曰動無爲靜。得本延年失本傾。急早回頭脩至善。趁時氣在學長生。任君積下千金產。一旦無常空手行。

火公老人詩曰。太極陰陽玄妙多。長生大道少人摩。世間若要人不死。接命添油養太和。

三才圖

天 人 地

陽中有陰　陰中有陽　靜中有動

動中有靜　陽中有陰　陰中有陽

清者濁之源

動者靜之基

三才品第四

清者濁之源。動者靜之基。

清者、輕清也。濁者、重濁也。源者、源頭也。靜者、無爲也。動者、有爲也。基者、根本也。何爲清者濁之源。夫天本是清氣上浮。這清氣還從地中發生。地本陰濁之體。由陰極而生陽。濁定而生清也。男本清靜之體。女爲污濁之身。雖清靜之體。其源出於污濁之身也。丹道以神爲清陽之體。而神之源頭。由交感之濁精化成陽精。由陽精而生氣。由氣而生神也。故曰煉精化氣。煉氣化神。豈不是清者濁之源也。動者靜之基。何謂也。地本靜也。其源還從天氣所結。女本靜也。其源還從父親所降。丹道以無爲爲靜。有爲爲動。其源還從有爲立基。故曰動者靜之基也。奉勸世人。急早回頭向道。將自身中濁氣撥盡。清氣上浮。凝結成丹。長生不死。積功累德。丹書來詔。脱殼飛昇。逍遙物外。將生身父母同超天堂。共享極樂。不亦欣乎。可嘆世有一等愚迷貪痴之人。不知性理。他説僊佛皆有分定。不是凡夫做得到的。正所謂道不遠人。人之爲道而遠人。自暴自棄。甘墮苦海。全不思想、人秉陰陽五行而生。爲萬物之首。可以行天地之全功。更可以載天地之大道。夫天地之道。顯象於日月。而日月之道。顯象於陰陽。而陰陽之道。亦[五]顯象於消長也。消陽長陰。凡夫之道。待至陽盡陰純而成鬼。消陰長陽。異人之道。待至陰盡陽純而成僊。况人半陰半陽。半僊半鬼也。若將半邊陰氣煉退。則成純陽。純陽者僊也。何難之有。孟子曰。堯舜與人同耳。顏子曰舜何人也。予何人也。有爲者亦若是。此皆言人人可以爲聖賢。人人可以爲僊佛。只在有志無志之分耳。有志者不論在家出家。都能脩身。在家者妻爲朋。子爲伴。人身雖在紅塵。而心出乎紅塵。何等便宜之事也。

五　按巴蜀書社出版《藏外道書・太上老君清靜經圖註》補上此段：『顯象於日月。而日月之道。顯象於陰陽。而陰陽之道。亦。』

呂祖詩曰。看破浮生早悟空。太陽隱在月明中。時人悟得陰陽理。方奪天機造化功。

韓祖詩曰。虛心實腹求鉛光。月裏分明見太陽。湛破濁清昇降路。自然丹熟遍身香。

急性子詩曰。男清女濁有先天。不曉根基亦枉然。女斬赤龍男降虎。何愁俗子不成僊。

道心圖

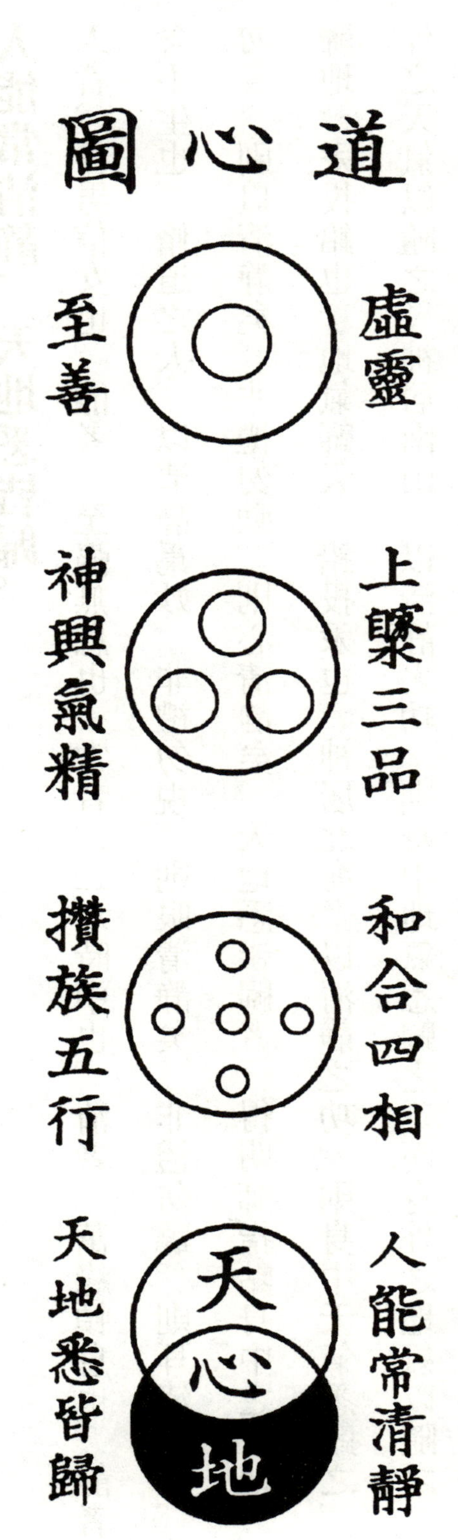

道心品第五

人能常清静。天地悉皆归。

人者、善男信女也。能者、至强無息也。常者、二六時中也。清者、萬緣頓息也。静者、一念不生也。脩道之人。以清静爲妙。非禮勿視。則眼清静矣。非禮勿聽。則耳清静矣。非禮勿言。則口清静矣。非禮勿動。則心清静矣。天地悉皆歸者。得明師指點身中之天地。天氣歸地。汞投鉛也。地氣歸天。鉛投汞也。神居北海。以清静之功。則身中天氣悉歸之。而身外之天氣以隨之。神居南山。以清静之功。則身中地氣悉歸之。而身外之地氣以隨之。所言身中之天者。道心而已矣。身中之地者。北海而已矣。道心先天屬乾。乾爲天。故以道心爲天也。北海先天屬坤。坤爲地。故以北海爲地也。身中之天地而感身外之天地。身外之天地以應身内之天地。而身内之天地有主宰。則身外天地之氣悉歸於内也。若無主宰則身内之天地之氣悉歸於外也。不能成道。反與大道有損。書經曰。人心惟危。道心惟微。惟精惟一。允執厥中。正是教人去人心。守道心。無奈世人不得明師指點。總在書上找尋大道。豈不思這大道。至尊至貴。子貢曰夫子之文章。可得而聞也。夫子之言性與天道。不可得而聞也。

又曰君子憂道不憂貧。子曰。朝聞道。夕死可也。似此數語推之。何等貴重。豈將大道露洩於紙墨乎。又豈將大道。不分貴賤君子小人。俱可得乎。定無此理也。三教聖人之經典。所言治國齊家。人事之常道者。品節詳明。所言脩身次第工夫。概是隱而不露。所露者不過是以肉團頑心爲虛靈不昧。或以心下三寸六分爲黄庭。以兩腎中間一穴爲父母未生前。以冥心空坐爲道心。又爲返本還原。一概虛假。世人信以爲實。深可嘆也。

正陽帝君詩曰。可嘆蒼生錯認心。常將血肉當黄庭。三途墮落無春夏。九界昇遷少信音。便向儸街了罪籍。遂從道路脱寒陰。吉凶兩岸無差錯。善士高昇惡士沉。

重陽帝君詩曰。道心惟微人心危。幾箇清清幾箇知。至善中間爲洞府。玄關裏面是瑤池。猿猴緊鎖休遷走。意馬牢拴莫叫馳。允執厥中涵養足。金光一道透須彌六。

六　按巴蜀書社出版《藏外道書・太上老君清静經圖註》補上此段：『猿猴緊鎖休遷走……金光一道透須彌。』

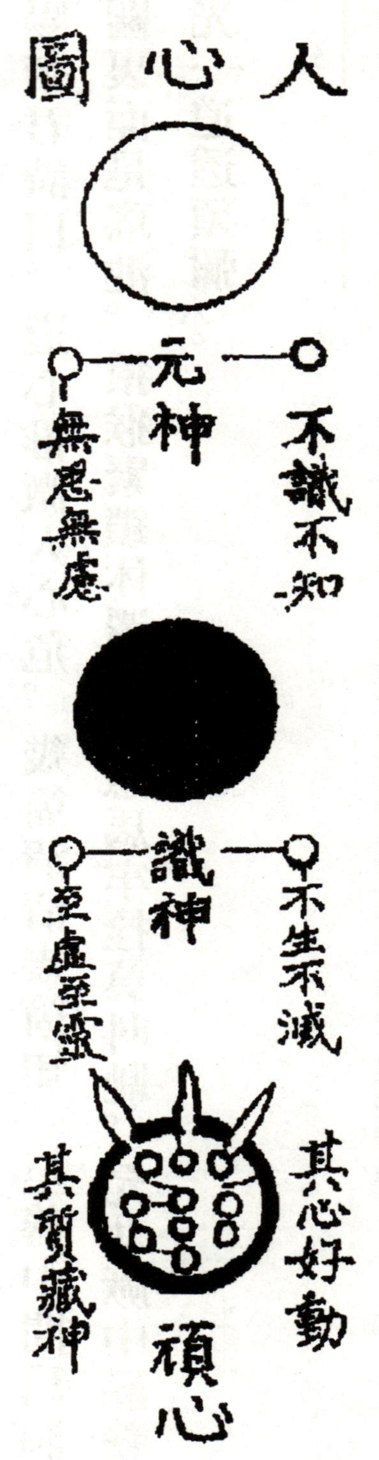

人心品第六

夫人神好清而心擾之。

夫人神好清者。一陰一陽乃爲人。人得一爲大。大得一爲天。超出天外，方爲夫字。人者，得天氣下降。地氣上昇。陰陽相結以爲人也。神者，禀父母之性爲元神。受天地之性爲識神。而元神無識無知。能主造化。識神最顯最靈。能應變無停。此神是人之主人翁也。其神之原出於無極。道家呼爲鐵漢。釋氏喚作金剛。儒者呌做魂靈。不生不滅。不增不減。在身爲魂。出身爲鬼。脩善爲僊爲佛。作惡變禽變獸。夫元神隨身之有無。從受胎以得。其生。

凝於無極之中央。主宰生身之造化。十月胎足。瓜熟蒂落。地覆天翻。一箇觔斗下地。囫地一聲。而元神從無極逩下肉團頑心。這識神趁此吸氣。隨吸而進。以爲投胎。與元神合而爲一。同居於心。從此以心爲主。而元神失位。識神當權。七情六慾。晝夜耗散。而元神耗散以盡。地水火風。四大分馳其身。嗚呼哀哉。以識神爲自己之真。性以捨身而出。縱壽高百歲。不免大夢一場。必有鬼卒押至地獄。將平生之善惡。照簿賞罰。善者或轉生來世。以受福報。或爲鬼神。享受香煙。惡者或轉世以受惡報。或失人身以變四生。而萬刦難復也。好者愛也。清者靜也。此言元神本好清靜。無奈人心之識神。而好動作。時常以擾之。不能清靜。因不能清靜。朝傷暮損。漸磨漸虧。元神一衰。而百病相攻。無常至矣。奉勸世人。要曉人身難得。中華難生。佛法難遇。大道難逢。今得人身。幸生中華。切莫糊糊混混。誤過一世。要把性命二字爲重。識神元神當分。真身假身當曉。人心道心當明。切不可以人心當道心。以識神當元神。以假身當真身。佛經云心字詩。三點如星象。橫鈎似月斜。披毛從此起。作佛也由他。呂祖曰。人生難得道難明。趁此人身訪道根。此身不向今生度。再等何時度此身。

黃老詩曰。一貫道心孔氏書。於今清靜啟靈圖。真經真法皆言道。天理天年也在儒。漢武枉尋千歲藥。秦王空想萬年謨。此經在手春秋永。別有乾坤鎮玉壺。

太白星詩曰。群經惟此有奇思。翻案偏然有妙詞。那管春秋而過去。只將旦暮以窺之。全憑清靜為靈藥。豈有人心種紫芝。道心才為真父母。精神力量庇佳兒。

六賊圖

知

將　心　招

識

四賊

哀

喜　欲　怒

樂

五賊

眼

耳　心　身　鼻

舌

六賊

六賊品第七

人心好静而慾牽之。

人心者、常人之心也。好静者、不愛妄動也。慾者、七情六慾也。牽之者、牽引外馳也。夫人心本不好静。因有元神在内。有時元神主事。故心有時好静也。人心本不好動。因有識神在内。有時識神主事。故心亦有時好動也。人身因有六根。則有六識。因有六識。則有六塵。因有六塵。則有六賊。因有六賊。則耗六神。因耗六神。則墜六道也。六賊者、眼耳鼻舌身心是也。眼貪美色而不絕。久以後這點靈性。墮在卵生地獄。變爲飛禽鵲鳥。羽毛之類。身披五色翎毛。何等好看。耳聽邪話而不絕。久以後這點靈性。墮在胎生地獄。變爲騾駝豫馬。走獸之類。項帶鈴鐺。何等好聽。鼻貪肉香而不絕。久以後這點靈性。墮在濕生地獄。變爲魚鱉蝦蟹。水族之類。常在臭泥。何等好聞。舌貪五葷三厭而不絕。久以後這點靈性。墮在化生地獄。變爲蚊蠓蛆蟲蟣虱之類。還是以口傷人傷物。何等有味。心貪財而無厭。久以後這點靈性。墮在駝脚之類。一生與人馱物。而貨財金銀常不離身。何等富足。身貪淫而無厭。久以後這點靈性。墮在煙花鷄鴨之類。一日交感無度。何等悦意。此言六慾牽

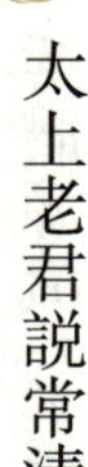

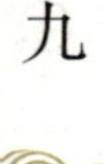

心之報也。還有七情之傷。而不可不知也。七情者。喜怒哀懼愛惡慾是也。喜多傷心。怒多傷肝。哀多傷肺。懼多傷膽。愛多傷神。惡多傷情。慾多傷脾。此爲七情牽心之傷也。又有外十損。而亦不可不知也。久行損筋。久立損骨。久坐損血。久睡損脉。久聽損精。久看損神。久言損氣。食飽損心。久思損脾。久淫損命。此爲十損也。大凡世人。無一不受此六賊七情十損之害也。奉勸天下善男信女。將六賊七情十損。一筆勾銷。返心向道。切莫上此賊船。恐墮沉淪。悔之晚矣。

無心道人詩曰。眼不觀色鼻不香。正心誠意守性王。三境虛空無一物。不生不滅壽延長。

清靜子曰。妄念才生神急遷。神遷六賊亂心田。心田既亂身無主。六道輪迴在目前。

尹真人詩曰。靈光終日照河沙。凡聖原來共一家。一念不生全體現。六根纔動被雲遮。

三尸圖

上尸　靈臺　彭踞

中尸　靈爽　彭躓

下尸　靈精　彭蹻

三尸品第八

常能遣其慾而心自靜。澄其心而神自清。自然六慾不生。三毒消滅。

常者、平常也。能者、志能也。遣者、逐遣也。慾者、私慾也。言二六時中。將靈臺之上。打掃潔净。勿使萬物所搖。外相不入。内相不出。而道心自然清静矣。澄其心者。將渾水以澄清也。而心有雜念。如水之有泥漿也。知止而後有定。定而後能静。五祖出題。神秀偈曰[七]。身是菩提樹，心乃明鏡臺。時時勤打掃，休得惹塵埃。六祖曰。菩提本無樹，明鏡亦

七　按《六祖壇經》典故，爲『五祖出偈。神秀偈曰。』

非臺。本來無一物，怎得惹塵埃。正此之謂也[八]。而神自清者。心無念頭擾撓。而元神自然清明。元神清明。而眼耳鼻舌心身。六慾則無妄動矣。三毒者。三尸也。人身有三尸神。名三毒。上尸名彭踞。管人上焦善惡。中尸名彭躓。管人中焦善惡。下尸名彭蹻。管人下焦善惡。上尸住玉枕關。中尸住夾脊關。下尸住尾閭關。每逢庚申甲子。詣奏善惡。又有九蟲。作害不淺。阻塞三關九竅。使其真陽不能上昇。而九蟲俱有名字。一曰伏蟲。住玉枕竅。二曰龍蟲。住天柱竅。三曰白蟲。住陶道竅。四曰肉蟲。住神道竅。五曰赤蟲。住夾脊竅。六曰隔蟲。住玄樞竅。七曰肺蟲。住命門竅。八曰胃蟲。住龍虎竅。九曰蜣蟲。住尾閭竅。三尸住三關。九蟲住九竅。變化多端。隱顯莫測。化美色夢遺陽精。化幻景睡生煩惱。使其大道難成矣。故丹經云。三尸九蟲在人身。阻塞黃河毒氣深。行者打開三洞府。九蟲消滅壽長生。正此之謂也。不知脩道之士。可知斬三尸。殺九蟲之法否。倘若不知。急訪明師。低心求指大道。請動孫悟空。在東海龍宮。求來金箍棒。打開三關。借來豬八戒之釘扒。扒開九竅。而三尸亡形。九蟲滅迹。關竅通徹。法輪常轉。性根常存。命基永固。七情頓息。六慾

八　米晶子註：五祖曰識神，六祖曰元神。

不生。三毒消滅矣。

無垢子詩曰。七情六慾似風塵。一夜滂沱洗垢新。待等地雷初發動。尸嚎鬼哭好驚人。

達摩祖師詩曰。一陽氣發用功夫。九蟲三尸趁此除。到陣擒拏須仔細。恐防墮落洞庭湖。

清虛真人詩曰。茅庵靜坐勝高樓。斬去三尸上十洲。堪嘆玉容金馬客。文章錦繡葬荒丘。

氣質圖

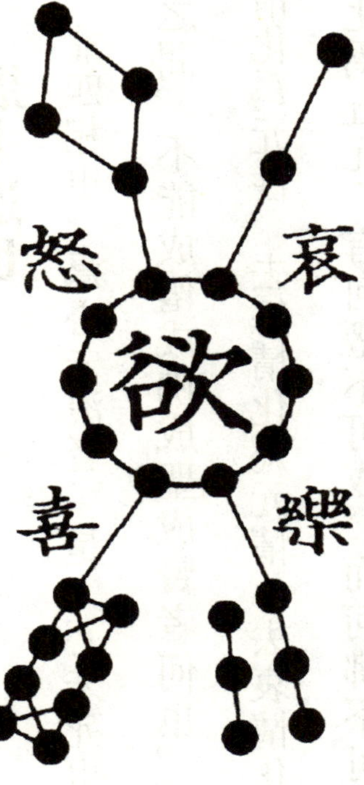

氣質品第九

所以不能者。爲心未澄。慾未遣也。

所以不能者。是不能掃三心。飛四相也。爲心未澄者。是人心未死也。慾未遣也者。是七情六慾常未去也。蓋人生天地之間。不能成僊成佛成聖成賢者何也。皆因不能去喜去怒。去哀去樂者明矣。若果能去喜情化爲元性。去怒情化爲元情。去哀情化爲元精。去樂情化爲元神。去慾情化爲元氣。五慾化爲五元。有何僊不可成。而何佛不可證也。儒曰戒慎乎其所不覩。恐懼乎其所不聞。釋曰無眼耳鼻舌身意。無色身香味觸法。道曰恍恍惚惚。杳杳冥冥。如照三教聖經行持。又有何私不可去。而何慾不可遣也。夫三教聖人總是教人去其私慾者何也。私慾乃屬陰也。三教聖人總是教人存其天理者何也。天理乃屬陽也。順其陰者爲鬼也。純其陽者爲僊也。丹經云。朝進陽火。暮退陰符。不知世之善男信女。可知進陽退陰之功否。倘若不知。速將世間假事一筆鈎消。積德感天。明師相遇。指示性與天道。進陽退陰之理。口傳心授。不勞而得焉。噫。性與天道不可得而聞也。豈易聞乎哉。吾將天道略指大概而言之。每逢朔日。天上日月并行。至初三日巳時進一陽。名地雷復。至初五日亥時進二陽。名地澤臨。至初八日巳時進三陽。名地天泰。爲鉛八兩。至初十日亥時進四陽。名雷天大壯。至十三日巳時進五陽。名澤天夬。至十五日亥時進六陽。名乾爲天。易曰君子終日乾乾。純陽之體也。若不用火煆煉。過此又必生陰矣。至十八日巳時進一陰。名天風姤。至二十日亥時進二陰。名天山遯。至二十三日巳時進三陰。名天地否。爲汞半斤。至二十五日亥時進四陰。名風地觀。至二十八日巳時進五陰。名山地剝。至三十日亥時進六陰。名坤爲地。六爻純陰也。而天上則無月。無月則無命矣[九]。

鍾離祖詩曰。煉性先須煉老彭。一輪娥月西南横。陰符進退丹益熟。陽火盈虧月漸明。拆坎填離返本位。擒烏捉兔復初城。從今不上閻王套。我做神僊赴玉京。

道光祖詩曰。悟道修行是進陽。河圖之數大文章。雙為私慾單為道。退廼符消進廼長。但得真傳無極理。自然丹熟遍身香。一朝脫卻胎周襖。跳出樊籠理玉皇。

九 米晶子註：天無月，人無命，可思議。月含萬水。

虛無圖

内觀其心

心無其心

外觀其形

形

形無其形

遠觀其物

物

物無其物

虛無品第十

能遣之者。内觀其心。心無其心。外觀其形。形無其形。遠觀其物。物無其物。三者既悟。惟見於空。

能遣之者。是將一切雜念。遣逐他方也。内觀其心者。是瞑目内視也。心無其心者。念頭從心而發。連心都沒得了。看他念從何而生也。外觀其形者。是冥目外視也。形無其形者。心生於形。連形都沒得了。看他心又從何而生也。遠觀其物者。是冥目遠視天地日月星辰。山河林屋都没得了。看他身又生於何處也一〇。三者既無。是言心身物都似乎没得了。惟見於空者。是言天地人三才萬物。未有一物。混混沌沌。只有虚空常未了却。故曰惟見於空。以外而言。乃是虚空。以内而言。乃是真空一一。真空者自身之玄關也。經云三界内外。爲道獨尊。老祖曰。吾所以有大患者。爲吾有身。及吾無身。吾有何患。又云後其身而身先。外其身而身存。金剛經云。不可以身相見如來。臨濟禪師云。真佛無形。真性無體。真法無相。古僊云。莫執此身云是道。此身之外有真身。自古成道僊佛。皆以忘形守道爲妙。可嘆世間有等愚人。不但不能忘其形。而且將此假身認爲真身。飽酒肉以肥此身。戀美衣以飾此身。愛美色以伴此身。至於脩煉。無非八段錦六字氣小週天。一切都在色身上搬弄。或者服三黄藥草。五金八石。以爲外丹。或者行三峰採戰之功。將年幼女子。以爲爐鼎。把女子之精氣奪來。名爲採陰補陽。或者吸精氣以爲補腦。或者服紅鉛名爲先天梅子。或者服白乳以爲菩提之酒。或者枯坐以爲参禪。或者守心以爲煉性。種種旁門三千六百。難以盡舉。都在色身上作事。地獄裏找路。不但不能

一〇　米晶子註：身即形也，命也，月也，水也。

一一　米晶子註：玄關一竅，乃真空之體也。真空者，自身乃是己性之體。

成僊。一旦陽氣將盡。四大分馳。一點靈性。永墮沉淪。而肉身何在之有也。嗚呼真可嘆哉。

金蟬子詩曰。虛無一炁成僊方。空覺色身覓性王。功滿三千丹詔下。超凡成聖步僊鄉。

紫清真人詩曰。此法真中妙更真。無頭無尾又無形。杳冥恍惚能相見。便是超凡出世人。

翠虛子詩曰。無心無物亦無身。得會生前舊主人。但是此中留一物。靈臺聚下纖砂塵。

虛空圖

外而形空

天空

空無所空

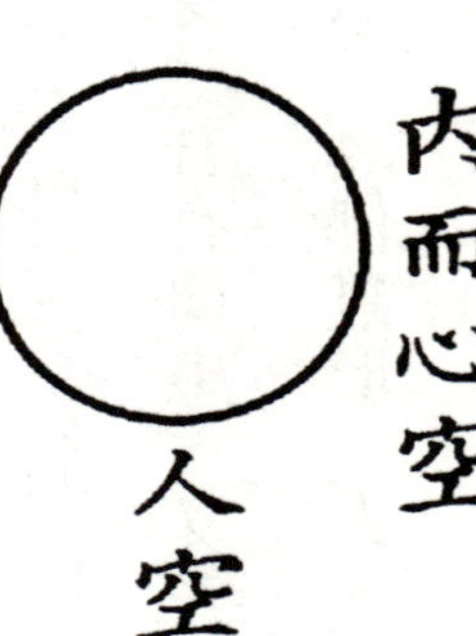

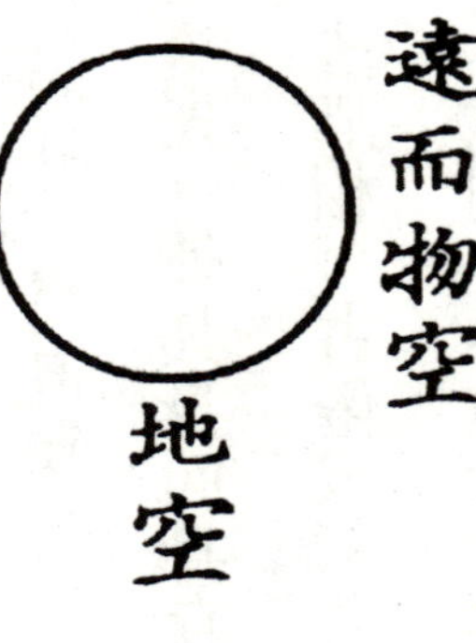

虛空品第十一

觀空亦空。空無所空。所空既無。無無亦無。無無既無。湛然常寂。寂無所寂。慾豈能生。慾既不生。即是真靜。

觀空亦空。空無所空者。此是承上文而言。三心已掃。四相已飛。外不知其物。內不知其心。只有真空存焉。到如是之際。連真空都沒有了。無無亦無。無無既無。是言無真空。無太空。無慾界。無色界。無想界。無思界。粉碎虛空。湛然常寂。寂無所寂者。言其大定。無人無我。混混沌沌。一派先天矣。慾豈能生。慾既不生。即是真靜者。言慾念不生。則入真靜。三花自然聚頂。五炁自然朝元。神空於下焦。則精中現鉛花。神空於中焦。則氣中現銀花。神空於上焦。則神中現金花。故三花聚於頂矣。空於喜則魂定。魂定而東方青帝之氣朝元。空於怒則魄定。魄定而西方白帝之氣[一二]朝元。空於哀則神定。神定而南方赤帝之氣朝元。空於樂[一三]則精

一二　按『民國六年歲次丁巳三月愛蓮堂重刊版』《太上老君說常清靜經》，及巴蜀書社出版《藏外道書・太上老君清靜經圖註》補上此段：『西方白帝之氣。』

一三　按『民國六年歲次丁巳三月愛蓮堂重刊版』《太上老君說常清靜經》，及巴蜀書社出版《藏外道書・太上老君清靜經圖註》補上此段：『則神定。神定而南方赤帝之氣朝元。空於樂。』

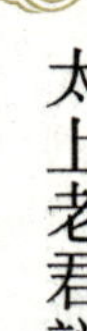

定。精定而北方黑帝之氣朝元。空於慾則意定。意定而中央黃帝之氣朝元。故曰五氣朝元。儒曰人慾盡净。天理流行。釋曰無無明。亦無無明盡。道曰虛其心。實其腹。皆是言觀空之道。雖曰觀空之道。亦不是頑空枯坐。不過去其雜念而已。倘若未得明師指示。何處安爐。何處立鼎。何謂煉己。何謂築基。何謂採藥。何謂得藥。何謂老嫩。何謂河車。何謂火候。何謂乾坤交媾。何謂坎離抽添。何謂金木交并。何謂鉛汞相投。何謂陽火陰符。何謂清静沐浴。何謂灌滿乾坤。何謂脱胎神化。次第工夫。任你觀空静坐。縱有三花。聚於何鼎。任有五炁。朝於何元。只落得形如枯木。心若死灰。一朝壽滿。清靈善化之鬼。來去明白。名叫鬼僊。或頂衆神而受香煙。或轉來世以爲官宦。倘若迷性。依然墮落。前工枉費。深可痛哉。好道者慎之謹之。

觀空子詩曰。富貴榮華似水漚。塵勞識破上慈舟。觀空得寶爐中煉。穩跨青鸞謁帝洲。

玉鼎真人詩曰。無為大道是觀空。不是枯禪脩鬼童。若得明師親說破。無形無相結玲瓏。

懼留孫詩曰。空形空象空僊方。空寂空心空性王。空裏不空空色相。真

空觀妙大文章。

真常圖

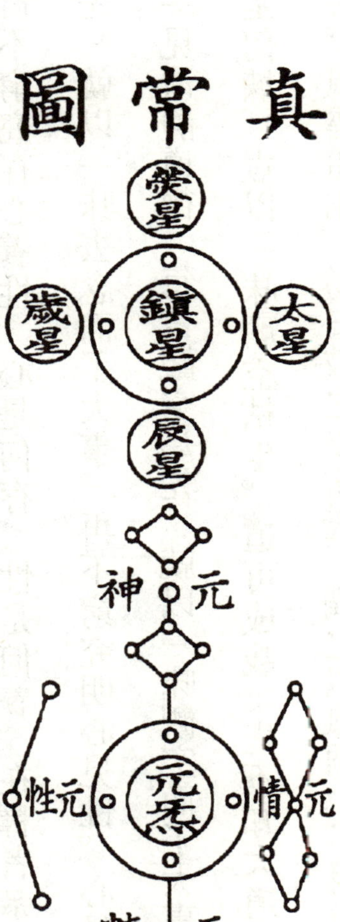

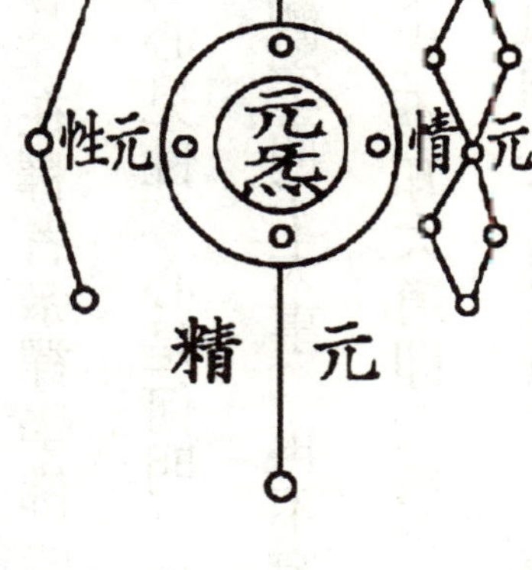

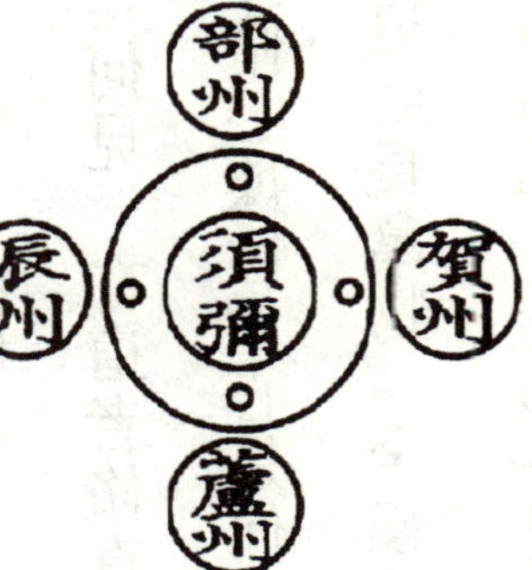

真常品第十二

真常應物。真常得性。常應常靜。常清靜矣。

真常應物者。無念紛擾謂之真。五德五元謂之常。感而遂通謂之應。⿱⿰自家水苗發生謂之物也。真常得性者。此感彼應謂之得。真靈不散謂之性也。常應常靜者。此常乃平常之常。又非真常之比也。平常事來則應。事去則靜矣。常清靜矣。是言寂然不動也。脩道之士每日上丹。掃心飛相。去妄存誠。陽極生陰。寂然不動。萬緣頓息。陰極生陽。感而遂通。萬脉朝宗一四。而先天五德發現。名曰真常。真常者良知也。先天五元發現。名曰應物。應物者良能也。良知良能。乃名真性。人心死盡。道心全活。乃名真常得性。先天一氣名爲物。知覺收斂名爲應。人心常死。則道心常活。道心常活。則妄念不生。妄念不生。則常復先天。常復先天。則藥苗常生。藥苗常生。則真性常覺。真性常覺。則真常常應。真常常應。則河車常轉。河車常轉。則海水常潮。海水常潮。則火候常煉。火候常煉。則金丹常結。金丹常結。則沐浴常靜。沐浴常靜。則法身已成。法身已成。了然無事。故曰常應常靜。常清靜矣。可嘆世人。在儒者希聖學賢。一見五經四書。每言去慾爲先。就以一味去慾而了大事。再不窮究存心養性。心是何存。性是何養。在釋者叅禪學佛。一見法華金剛。每言去念爲先。就以一味去念而了大事。再不窮究明心見性。心是何明。性是何見。在道者脩真學僊。一見清靜道德。每言觀空爲先。就以一味觀空而了大事。再不窮究脩心煉性。心是何脩。性是何煉。豈以一味頑空枯坐。道可成哉。豈不知大道即天道。天道生長萬物。全賴日月星辰。風雲雷雨。易曰鼓之以雷霆。潤之以風雨。日月推遷。一寒一暑是也。豈以一味空空無

一四　米晶子註：正法眼藏，萬法皈宗。此張多看爲妙。

爲。而萬物自能成乎。

文昌帝君詩曰。乾坤日月皆無心。赤炁揚輝處處靈。惟有玄根同太極。自然煥發合天經。流行萬古兼千古。合撰清寧永太寧。清净洞陽敷妙德。真機運動不留停。

孚佑帝君詩曰。真常之氣大而剛。充塞乾坤顯一陽。自此生平千萬世。恒安熙皋樂無疆。清炁靈圖皆換發。瓊書寶典善鋪張。天地有根因有此。玄玄妙妙見真常一五。

真道圖

先天 乾卦

後天 離卦

一五 真道圖按『民國六年歲次丁巳三月愛蓮堂重刊版』《太上老君說常清靜經》改正。

真道品第十三

如此清静。漸入真道。

如此清静。漸入真道者。此承上章而言。如此清静無爲。可返先天。既返先天。漸次以入真道。真道者非三千六百旁門。九十六種外道之比也。此爲先天大道。生天生地。生人物之道也。道也者。大矣哉。果何物也。曰無極而已矣。夫無極真道。自古口口相傳。不敢筆之於書。恐匪人得之。必遭天譴。雖然。書中藏道。必是喻言。隱母而言子。隱根而言枝。概是借物闡道。張冠李戴也。是余亦不敢明洩。將此真道微露大概。以作訪道之憑證。不致悮墮旁門也。真道者、乃生身之初是也。得父之精。母之血。二物交合。精爲鉛。血爲汞。鉛投汞名乾道而成男。汞投鉛爲坤道而成女。半月生陽。半月生陰。由此而五臟。由此而六腑。由此週天三百六十五骨節。由此八萬四千毫毛孔竅。先天卦氣以足。瓜熟蒂落。一個筋斗下地。囫啼一聲。先天無極竅破。而元神元氣元精。從無極而出。分爲三家。乾失中陽以落坤。坤變坎。坤失中陰以投乾。乾變離。先天乾坤失位。而變成後天坎離。火水未濟也。從此後天用事凡夫之途。若有僊緣。訪求返本還原之真道。這真道先點無極一竅。此竅儒曰至善。釋曰南無。道曰玄關。異名頗多。前篇先以剖明。要用六神會合之功。守定此竅。久守竅開。元神歸位。復用九節玄功。名爲金丹九轉。抽爻換象。拆坎填離。奪先天之正氣[一六]。吸日月之精華。用文武之火候。脩八寶之金丹。日就月將。聖胎漸成。和光混俗。積功累德。三千功滿。八百果圓。丹書下詔。脱殼飛昇。逍遥物外。天地有壞他無壞。浩刦長存。故曰金剛不壞之體也。不枉出世一場。雖然如此好處。必要真師口傳心授。務要立生死不退之心。方可穩當矣。

元始天尊詩曰。清靜妙經本自然。得明真道悟先天。金丹一服身通聖。隨作逍遥閬苑僊。

靈寶天尊詩曰。清静真言却不多。内中玄妙少人摩。此身有盞長生酒。請問凡夫喝過麼。

降生天尊詩曰。清靜後逢正子時。一輪明月現江湄。此中真道於斯見。借問諸君知不知。

一六　巴蜀書社出版《藏外道書・太上老君清静經圖註》爲『奪天地之正氣』。

妙有圖

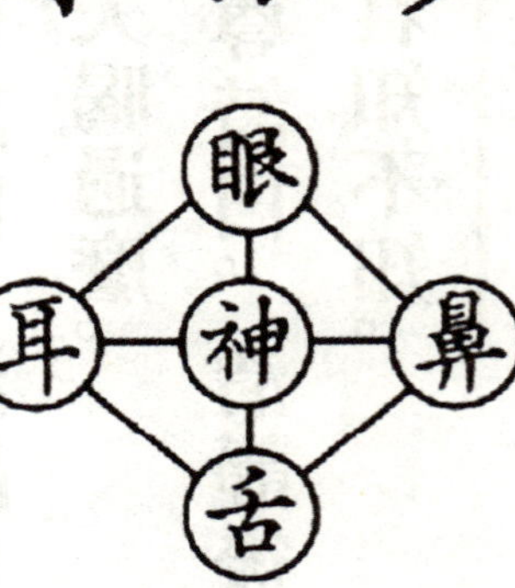

禮
仁
氣
義
智

髓
津
精
血
液

妙有品第十四

雖名得道。實無所得。

雖是雖然。名是名目。得爲得傳。道爲大道。實者真也。無者虛也。雖名得道者。乃承上文而言。漸入真道也。得受明師真傳正授。何者是玄關一竅。何者是六神會合。何者是築基煉己。何者是採𦤎煉丹。何者是𦤎苗老嫩。何者是去濁留清。何者是汞去投鉛。何者是鉛來投汞一七。何者是嬰兒姹女。何者是金公黃婆。何者是金木交并。何者是水火既濟。何者是法

一七 按巴蜀書社出版《藏外道書·太上老君清靜經圖註》補上此段：『何者是鉛來投汞。』

輪常轉。何者是陽火陰符。何者是文武烹煉。何者是清靜沐浴。何者是灌滿乾坤。何者是温養脱胎。何者是七還九轉。何者是移爐換鼎。何者是龍吟虎嘯。何者是面壁調神。一一領受。方名得道也。雖名得道。實無所得者何也。夫道所言關竅𥨊物。一切種種。無窮無盡。美名奇寶。一概都是人身自有。并非身外得來。故曰實無所得也。果真實爲得者。必是受道之後。苦脩苦煉。立定長遠之計。鐵石之心。千難不改。萬難不退。富貴不能淫。貧賤不能移。威武不能屈之志。方可不致半途而廢。定要將身外假名利恩愛。酒色財氣。一刀斬斷。速脩身中真名利恩愛酒色財氣。方爲得道。而身外人人皆曉。身内知者鮮矣。聽吾將身内説來。身拜金闕。享受天爵。乃爲真名。金丹成就。無價貴寶。乃爲真利。超度父母。時常親敬。乃爲真恩。坎離相交。金木相并。乃爲真愛。玉液瓊漿。菩提香膠。乃爲真酒。嬰兒姹女。常會黄房。乃爲真色。七寶瑶池。八寶金丹。乃爲真財。絪緼太和。浩然回風。乃爲真氣。這便是身中之八寶也。捨得外而成得内。捨得假而成得真。外培功内脩果。動度人而静度己。以待日就月將。外功浩大。内果圓明。脱殼飛昇。萬刼長存。方爲得道。成道了道。大丈夫之能事畢矣。

道心子詩曰。奉勸世人希聖賢。榮華富貴亦徒然。身中自有長生酒。體內不無養命錢。色即是空空即色。僊爲祖性性爲僊。乾坤聽得吾師[一八]勸。急早回頭上法船。

無心道人詩曰。世人及早學僊家。不必苦戀酒色花。去假脩真真不假。掃邪悟道道非邪。燒丹要捉山中烏。練汞當擒井里蛙。會得此玄玄妙理。凡夫管許步雲霞。

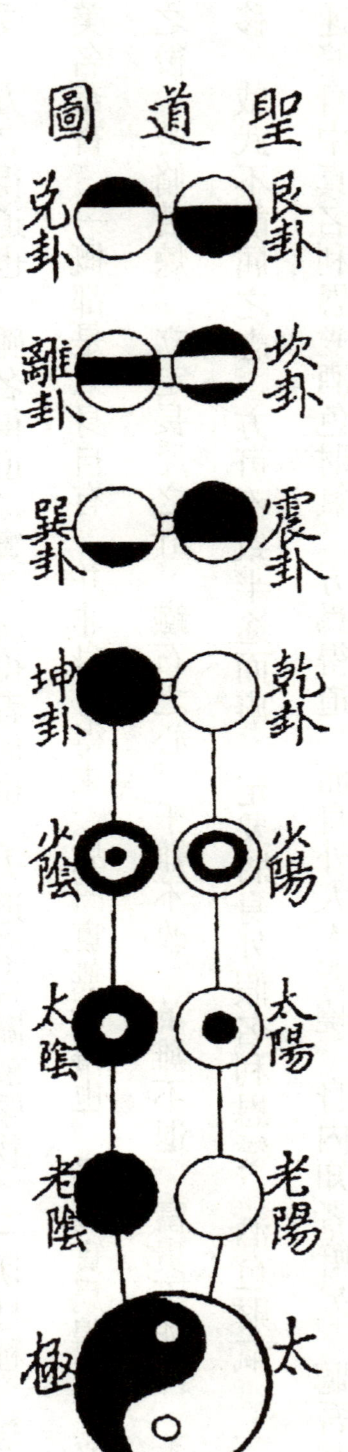

一八　按巴蜀書社出版《藏外道書·太上老君清靜經圖註》，改「詩」為「師」。

至道品第十五

爲化衆生。名爲得道。能悟之者。可傳聖道。

爲化衆生者。爲者專意也。化者普度也。衆者一概也。生者男女也。勸化九六衆生而回西也。名爲得道者。名者聲揚也。爲者助成也。得者受持也。道者工夫也。勸化衆生脩道。功德浩大。自外而得之。故曰得道也。能悟之者。能是能爲。悟是窮究。得了大道。總要窮理盡性。以至於命。勤叅苦採。内外加功。可傳聖道者。可是可以。傳是度人。聖是高真。道是天機也。功圓果滿。領受天命。方可傳道。三期普度。道須人傳。吕祖曰。人要人度超凡世。龍要龍交出污泥。未領天命。不能傳道。儒云畏天命。畏大人。畏聖人之言。小人不知天命而不畏也。何謂聖道。生身之本也。世人可知生身之本乎。父母交後。懷胎一月。三百六十箇時辰。無極以成。其餘半月生陽。半月生陰也。又半月無極一動。而生皇極之陽。又半月無極一静。而生皇極之陰。懷胎二月也。又半月皇極一動而生太極之陽。又半月皇極一静。而生太極之陰。懷胎三月也。又半月太極一動而生老陽。又半月太極一静而生老陰。懷胎四月也。又半月老陽一動而生太陽。又半月老陰一静而生太陰。懷胎五月也。又半

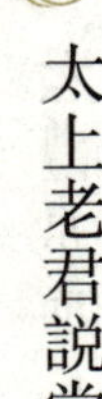

月老陽一静而生少陰。又半月老陰一動而生少陽。懷胎六月也。又半月太陽一動而生乾。又半月太陰一静而生坤。懷胎七月也。又半月太陽一静而生兑。又半月太陰一動而生艮。懷胎八月也。又半月少陰一動而生離。又半月少陽一静而生坎。懷胎九月也。又半月少陰一静而生震。又半月少陽一動而生巽。懷胎十月也。由無極而皇極。由皇極而太極。兩儀四象八卦。萬物周身。三百六十五骨節。八萬四千毫毛孔竅。由無極聖道而生之者也。

斗母元君詩曰。識得生身性自歸。無不爲兮無不爲。萬殊一本退藏密。生聖生凡在此推。

觀音古佛詩曰。可傳聖道領慈航。普渡羣迷煉性光。能悟先天清静道。金僊不老壽延長。

玄女娘娘詩曰。聖道不傳涌沸濤。渡男渡女渡塵勞。五行四相全脩就。頭戴金冠赴九霄。

消長圖

乾為天
二十四歲
天風姤
三十二
天山遯
四十歲
天地否
四十八
風地觀
五十六
山地剝
至六十四歲足
坤為地
澤天夬
雷天大壯
地天泰
地澤臨
地雷復
十六歲足矣
十三歲四月
十歲八月
八歲整
五歲四月
二歲零八個月

消長品第十六

太上老君曰。上士無爭。下士好爭。

太者、大也。上者、尊也。老者、古也。曰者、說也。上士者、文學大德也。下士者、淺學執著也。無争者、涵容深厚也。好争者、愼高好勝也。老君說上士之心。即聖人之心。包天裹地。渾然天理。賢愚盡包。和光混俗。自謙自卑。銼鋭埋鋒。不露圭角。外圓内方。作事循乎天理。出言順乎人心。何争之有。下士好争者。下士亦是好學之士。無奈根基淺薄。學不到聖人之位。多有愼高執著。偏僻好勝。自是自彰。論是論非。故曰好争也。上士如進陽。君子道長也。下士如進陰。小人道長也。陰陽消長之理。進退存亡之道。亦不可不知

也。人之初生時。身輭如綿。坤柔之象也。九百六十日變一爻。初生屬坤。至二歲零八月進一陽。變坤爲復。至五歲零四月進二陽。變復爲臨。至八歲進三陽。變臨爲泰。至十歲零八月進四陽。變泰爲壯。至十三歲零四月進五陽。變壯爲夬。至十六歲進六陽。變夬爲乾。六爻純陽。上士之位也。此時不修。漸而成下士矣。至二十四歲進一陰。變乾爲姤。此時脩煉。不遠復矣。如若不脩。至三十二歲進二陰。變姤爲遯。此時脩煉。容易成功。如若不脩。至四十歲進三陰。變遯爲否。此時脩煉。還可進功。如若不脩。至四十八歲進四陰。變否爲觀。趁此能脩。久而可成。倘若再不脩。至五十六歲進五陰。變觀爲剥。趁此快脩。困學可成。再若不脩。至六十四歲進六陰。變剥爲坤。純陰無陽。卦氣已足。趁此餘陽未盡。若肯脩煉。還可陰中返陽。死裏逃生。倘若再不脩。待至餘陽已盡。無常至矣。一口氣不來。嗚呼哀哉。豈不是大夢一場。奉勸世人。勿論年老年少。總宜急早回頭爲妙耳。切莫死後方悔。慾脩可能行乎。

忍辱僊詩曰。上士無争是聖功。分明三教其根宗。太和無礙太和妙。色象莫沾色象空。一月光横四海外。千江瑞映三才中。陽滿爲僊陰滿鬼。

時人不識此圓融。

渾厚子詩曰。清靜妙經處處融。無爭上士如虛空。但能體用相輝映。迺信乾坤辟混濛。萬象虛明含滿月。一真顯露協蒼穹。下爭上讓陰陽理。聖聖賢賢不一同。

道德圖

上德

先天

聖道

忠恕（儒）仁義禮智信

慈悲（釋）殺盜淫妄酒

感應（道）金木水火土

下德

凡道

道德品第十七

上德不德。下德執德。執着之者。不明道德。

上德不德者。非是上德之士。反不重其德也。而上德爲先天五德俱全。在儒以遵崇仁義禮智信爲德。以忠恕爲行。在釋以戒除殺盗淫妄酒爲德。以慈悲爲行。在道以脩煉金木水火土爲德。以感應爲行。德行全備。未染後天。以爲上德。後天返先天。亦是上德。本來自有。不待外求。故曰上德不德也。下德執德者。非是下德之士。反重其德也。而下德已染後天。五德漸失。非執德之道。難以返其先天。何以爲執德。知過必改。知罪必悔。戒刑殺以成仁。戒巧取以成義。戒邪淫以成禮。戒酒肉以成智。戒妄語以成信。而仁義禮智信五德。由勉强而來。故曰下德執德也。執着之者。不明道德何謂也。執爲執拗。着爲着相。不信陰功。不明道德。見人戒刑殺以放生靈。他言輕人身而重畜物。見人戒盗取以周貧困。他言總空子而填人債。見人戒邪淫以保身體。他言斷人慾而無世界。見人戒酒肉以明智德。他言那六畜而係人吃。見人戒妄語以講信實。他言只要心好。何必忍口。種種執固不通。難以盡叙。故曰不明道德也。豈不知孔聖人所言仁義禮智信。李老君治下金木水火土。釋迦佛戒去殺盗淫妄酒。是何言也。不戒殺則無仁而缺木。在天則歲星不安。在地則東方有災。在人則肝膽受傷矣。不戒盗則無義而缺金。在天則太白星不安。在地則西方有災。在人則肺腸受傷矣。不戒邪淫則無禮而缺火。在天則熒惑星不安。在地則南方有災。在人則心腸受傷矣。不戒酒肉則

無智而缺水。在天則辰星不安。在地則北方有災。在人則腎胱受傷矣。不戒妄語則無信而缺土。在天則鎮星不安。在地則中央有災。在人則脾胃受傷矣。哀哉。

天花真人詩曰。先天上德爲純陽。若肯脩行果是强。五德五元三寶足。何須執德苦勞張。

彩荷僊詩曰。三教原來一理同。何須分別各西東。三花三寶三皈裏。五德五行五戒中。

何僊姑詩曰。道德真詮品最奇。全憑五戒立根基。愼高執著回頭想。莫等幽冥悔後遲。

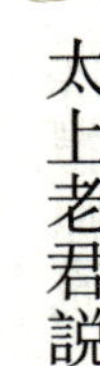

妄心圖

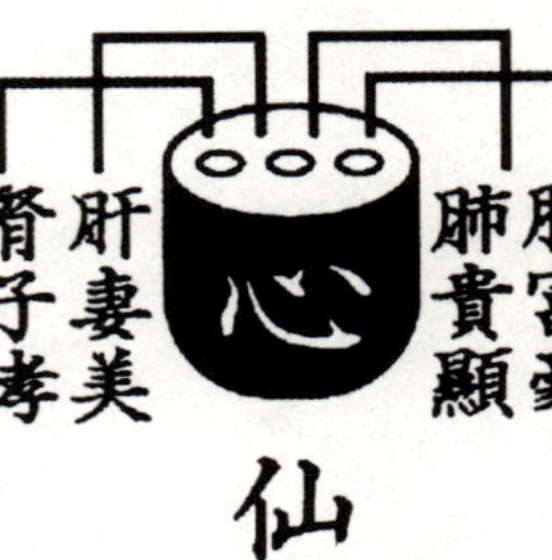

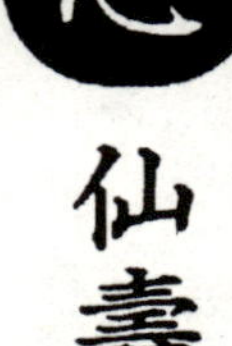

妄心品第十八

衆生所以不得真道者。爲有妄心。

衆生所以不得真道者。天下男女名曰衆生。言衆性投生下界也。真道乃先天大道。非三萬六千旁門之比也。爲有妄心者。亡女爲之妄。夫人之心。屬乎離卦。離爲女。又爲日。日爲星中天子。女本後妃之象。正直無私。光照天下。生化萬物。養育羣生。亡却女。即亡却真靈。真靈者日也。夫妄心由何而起也。因酒色財氣。名利恩愛所牽引也。妄想酒以養身。豈不知酒中之害。迷真亂性。人身氣脈。與天地同其升降。週流循環。一飲酒。氣脈不順。氣脉不順。則身中之星度錯矣。星度錯而壽元折也。妄想色以親身。豈不知色中之害。刮骨攝魂。人身以精而生氣。以氣而生神。有此三寶。人方長壽。一貪色則精洩。精洩不能生氣。氣衰不能生神。三寶耗散壽元損也。妄想財以肥家。豈不知財中之害。朝思暮想。苦勞千般。把你一點精氣神耗散。縱有萬金之富。難買無常不吽。一口氣不來。赤手空拳。分文難帶。罪孽隨性。四生六道。轉變無休。深可嘆也。妄争閑氣以逞光棍。豈不知氣中之害。小事不忍而成大事。或人命官非。牢獄枷鎖。傾家敗産。妻埋子怨。悔之晚矣。妄想名以榮身。豈不知名中之害。習文以勞其心。習武以勞其形。碌碌一生。縱然官陞極品。難買長生不死。爲忠臣。爲良將。死後爲神。爲奸黨。爲逆賊。死墮沉淪矣。妄想恩愛以温身。豈不知恩愛之害。你有銀錢衣食。妻則敬。子則孝。你若貧苦。妻必不賢。子必不孝。縱有賢孝者。必被妻恩子愛所累。一口氣斷。誰是妻。誰是子。所造之罪。自己抵擋。妻子雖親。亦難替你受其罪也。奉勸世人。將此假事一筆勾銷。如若不然。妄想神僊。不求大道。不去妄想。焉能成聖成賢乎。

洗塵子詩曰。洗去塵心學佛僊。無思無慮甚悠然。不貪酒色財和氣。學

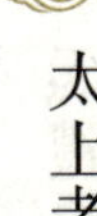

個長生壽萬年。

無垢子詩曰。去妄存誠儒聖云。榮華富貴似浮雲。豈知貧富生前定。何必碌碌勞骨筋。

無心道人詩曰。真靈不散名歸中。無識無知亦是空。只去妄心不去道。千金口訣實難逢。

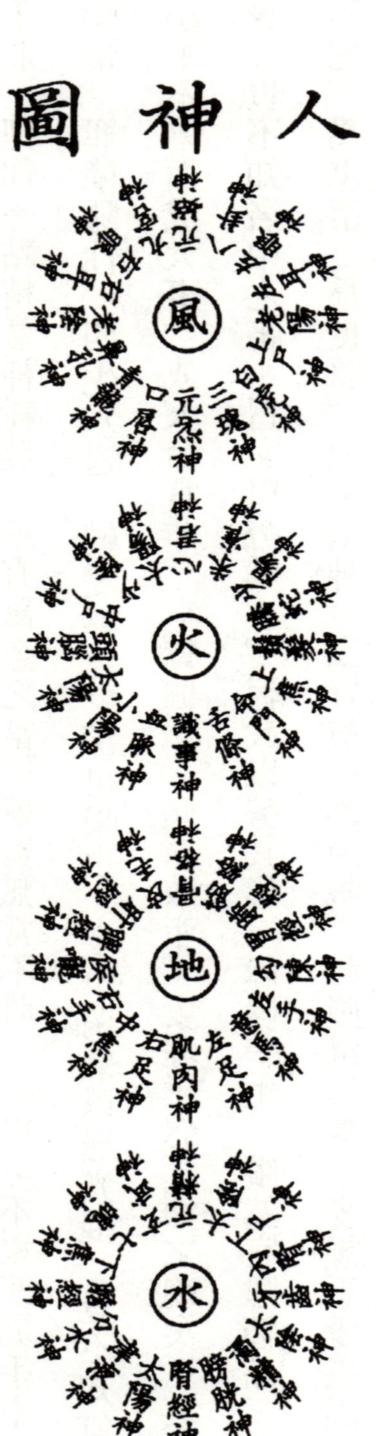

人神品第十九

既有妄心。即驚其神。

既者、成也。有者、實也。妄者、動也。心者、神也。即者、定也。驚者、觸也。其者、此也。神者、主也。此承上文而言。大凡脩道之士。不可起妄念。妄心一動。驚動元神。元神藏心。心神藏目[一九]。圭旨云。天之神聚於日。人之神聚於目。心爲諸神之主帥。眼即衆神之先鋒。夫人身之神。共有六十四位。以應六十四卦之數也。人在受胎之初。先結無極。從無極而生太極兩儀四象八卦。周身百體。由一本而散爲萬殊。生凡之道也。又從萬殊復歸六十四卦。又從六十四卦。總歸十六官。由十六官總歸八卦。由八卦總歸四象。由四象總歸兩儀。由兩儀而歸太極無極。由萬殊復歸一本。生聖之道也。不知脩道之士。可曉一本否。倘若不知。積德感天。明師相遇。指示一本大道。每日守定一本。不使元神遷移萬殊。有何妄心而驚神也。神不驚。則六十四位人神。混合元神[二〇]。而元神得衆神之混合。其光必大。其神必旺。神旺則性靈。而神僊之道畢矣。再得九轉玄功煉成陽神。名爲大羅金僊。再得外功培補。昇爲大羅天僊矣。夫一本九轉。須待師傳。而身中一十六官。略露春光可矣。心爲

一九　米晶子註：元神藏目。心神藏心。

二〇　米晶子註：身中六十四神，混合元神。混合兩字，回風真炁者。

君主之官。神明出焉。眼爲鑒察之官。諸色視焉。口爲出納之官。言語出焉。耳爲採聽之官。衆音聞焉。鼻爲審辨之官。香臭識焉。肝爲將軍之官。謀慮出焉。肺爲相傳之官。治節出焉。脾[二一]爲諫議之官。周知出焉。腎爲作强之官。伎巧出焉。膽爲中正之官。决斷出焉。胃爲倉廩之官。五味出焉。脾爲臣使之官。喜樂出焉。小腸爲受盛之官。化物出焉。大腸爲傳導之官。變化出焉。膀胱爲州都之官。津液出焉。三焦爲决瀆之官。水道出焉。此十六官。爲身中統帥之神也。十六官之中。惟心一神。乃身中之主。封眼耳鼻舌爲四相。其餘次之。勿論千神萬神。皆聽天君之命也。

文昌帝君詩曰。妄念驚神散萬方。魂歸地府失真陽。寒冰惡浪層層陷。劍樹刀山處處傷。一念回春脩道力。三田氣透得丹香。勸君急早歸清靜。不枉人間鬧一場。

白祖僊師詩曰。墮落紅塵不計年。皆因妄念迷青天。若非師指歸元始。那得凡身做上僊。十惡斷詩三業淨。六根空處五行全。老君金口明明示。

[二一] 原文爲『肚』，按巴蜀書社出版《藏外道書·太上老君清靜經圖註》，改爲『脾』。

萬劫千秋永正傳。

萬物圖

萬物品第二十

既驚其神。即著萬物。

既者、事過也。驚者、不安也。神者、元神也。即者、就此也。著者、執固也。萬者、包羅也。物者、各體也。夫人有妄心。則元神隨識神而牽引。不是想著天上萬物。便是想著地下萬物。不是想著世上萬物。便是想著人身萬物。而天上萬物。不過日月星辰。風雲雷雨八字。以包其餘也。地下萬物。不過山川草木。五行四生八字。以包其餘也。世上萬物。不過名利恩愛。酒色財氣八字。以包其餘也。人身萬物。不過毫毛孔竅。精血肉骨八字。以包其餘也。天之萬物。地之萬物。人之萬物。總歸先天八卦之所生化者也。夫先天八卦。對待之理。乾南坤北。離東坎西。四正之位。震東北。巽西南。艮西北。兑東南。四隅之位也。此謂卦之相對也。乾之三爻陽。而對坤之三爻陰。名曰天地定位也。震之下一陽。中上二陰而對巽之下一陰。中上二陽。名曰雷風相搏也。坎之内一陽外二陰。而對離之内一陰。外二陽。名曰水火不相射也。艮之上一陽。中下二陰。而對兑之上一陰。中下二陽。名曰山澤通氣也。此謂爻之相對也。卦爻相對乃先天而天弗違。成聖之道也。從鴻濛分判之後。乾之中爻陽。去交坤之中爻陰。變坤爲坎。坤之中爻陰。來交乾之中爻陽。變乾爲離。坎之上爻陰。去交離之上爻陽。變離爲震。離之下爻陽。來交坎之下爻陰。變坎爲兑。震之中上二陰。去交巽之中上二陽。變巽爲坤。巽之上爻陽。下爻陰。來交震之上爻陰。下爻陽。變震爲艮。艮之上爻陽。下爻陰。去交兑之上爻陰。下爻陽。變兑爲巽。兑之中下二陽。來交艮之中下二陰。變艮爲乾矣。故離南坎北。震東兑西。乾居西北。巽居東南。艮居東北。坤居西南。先天變爲後天。後天者流行之氣。故後天而奉天時。延命之術也。所以不知先天無爲之道。後天有爲之術。故不能成僊者此也。

康節夫子詩曰。萬物原來在一身。天文地理亦同親。凡夫不究源頭理。性入幽冥骨葬塵。

子思夫子詩曰。不生妄念不驚神。焉能著物昧天真。勸君急訪靈明竅。養性存心學聖人。

程夫子詩曰。世人找得先天初。返本還原一太虛。妄念不生歸太極。雷鳴海底現鰲魚。

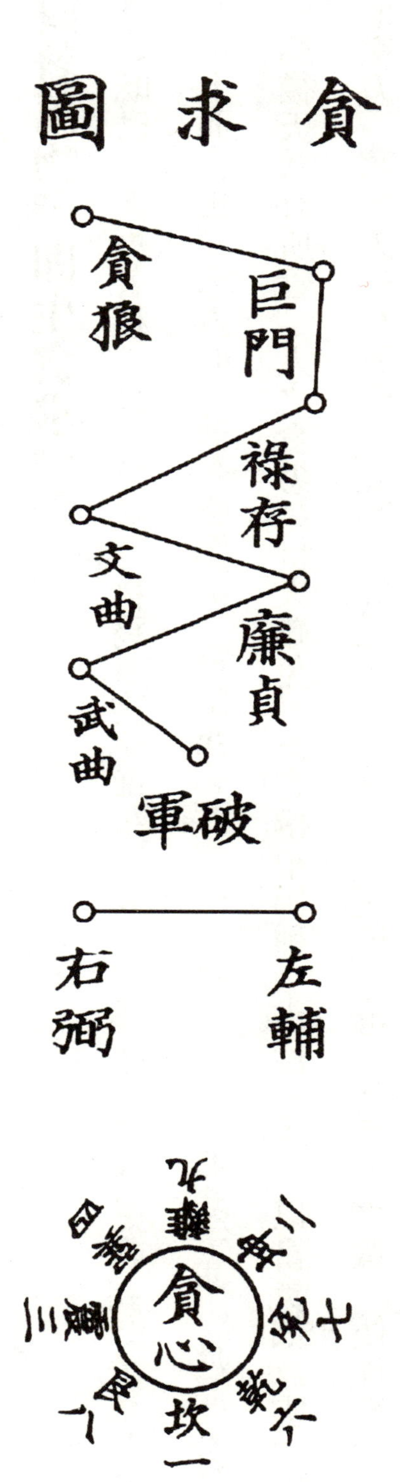

貪求品第二十一

既著萬物。即生貪求。

既是既已。著爲著相。萬是萬般。物爲事物。即是即要。生爲生心。貪是貪妄。求爲苟求。這乃承上而言也。夫人心一著萬物牽引。便隨萬物起貪心。貪心一起。必想去求。此是人慾之心。便屬後天八卦所管。人之貪慾。世人難免。惟有僊根佛種。靈性不昧。以富貴如浮雲。以酒色似鋼刀。將後天返爲先天。此爲上等之人。千萬之中而選一也。其中下之輩。便係後天八卦所拘束。不能從後天而返先天。從洛書以返河圖者也。夫貪心乃北斗第一星。名號貪狼。尤如狼虎一般。脩僊之事。若不去此一星。則大道難成也。何以。後天洛書。二四六八十屬陰。既屬陰。便生貪求。地六屬癸水。爲交感之精。其性二二二愛貪求美色。地二屬丁火。爲思慮之神。其性愛貪求榮貴。地八屬乙木。爲氣質之性。其性愛貪求富豪。地四屬辛金。爲妄情之情二二三。其性愛貪求酒肉。地十屬己土。爲私意之神。其性愛貪高大。此爲後天之五魔。以消身中之五

二二二　米晶子註：性，木也。

二二三　按『民國六年歲次丁巳三月愛蓮堂重刊版』《太上老君説常清靜經》，及巴蜀書社出版《藏外道書·太上老君清靜經圖註》『妄情之情』應爲『無情』。

行也。第一貪淫以傷精。則水虧也。第二貪財以傷性。則木虧也。第三貪貴以傷神。則火虧也。第四貪殺以傷情。則金虧也。第五貪勝以傷氣。則土虧也。五行一虧。其身焉可立乎。奉勸天下男女。切莫進此五魔之陣。以後天而返先天。將坎中一陽。返回離卦中爻。變離爲乾。將離中一陰。返回坎卦中爻。變坎爲坤。將震上一陰。返回兑卦下爻。變兑爲坎。將兑下一陽。返回震卦上爻。變震爲離。將乾上中二爻。返回坤卦上中二爻。變坤爲巽。將坤中下二陰。返回乾卦中下二爻。變乾爲艮。將艮上陽下陰。返回巽卦上下二爻。變巽爲兑。將巽上陽下陰。返回艮卦上下二爻。變艮爲震。抽爻換象。後天返爲先天矣。五魔化爲五元。洛書返爲河圖。可爲天下之奇人也。

紫微大帝詩曰。太上老君妙道玄。尊經一部即真傳。三花三寶本元氣。五賊五魔屬後天。換象抽爻息火性。安爐立鼎煉金丹。不貪不妄隨時過。一日清閒一日僊。

閂口夫子詩曰。先天變後後先天。聖聖凡凡不一般。富貴榮華如電灼。妻恩子愛似硝燃。不貪自有命為主。守道何無神助緣。一性不迷塵境滅。

空中現出月輪圓。

煩惱品第二十二

既生貪求。即是煩惱。煩惱妄想。憂苦身心。

既生貪求者。既爲業已。生是動心。貪爲好勝。求是苦心也。即是煩惱者。即爲便是。是乃如此。煩爲心燥。惱是瞋恨也。煩惱妄想者。煩爲事繁。惱是有氣。妄爲癡心。想是思慮也。憂苦身心者。憂爲愁慮。苦是勞勤。身爲形體。心是君主也。因世人不能看破名利恩愛。酒色財氣。所以即被六塵六賊之所染也。貪求榮貴者。不得榮貴。而生煩惱。已得榮貴。又從榮貴中生出許多煩惱也。不如看破『名』字。誠心脩道。道成之日。名揚天下。以成萬古之名也。何等貴哉。『道德經』曰。雖有拱璧[二四]。以先駟馬。不如坐進此道。至聖曰。富與貴。是人之所慾也。不以其道得之。不處也。貪求財利者。不得財利而生煩惱。既得財利。又從財利中生出許多煩惱也。不如看破『利』字。誠心脩道。而身中之精氣神三寶。乃爲法財。能買性命。益壽延年。有何煩惱之生也。至聖曰。富貴於我如浮雲。《中庸》曰。素貧賤。行乎貧賤。孟子曰。貧賤不能移。又曰。君子憂道不憂貧。貪求美色者。不得美色而生煩惱。已得美色必有恩愛。又從恩愛中生出許多煩惱也。不如看破『色』字。誠心脩道。自己身中現有嬰兒姹女。每日常親常近。坎離相交。金木相并。多少滋味。難以言傳。異日道成。僊女同儔。何等尊重[二五]。至聖曰。血氣未定。戒之在色。吕祖曰。二八佳人體似酥。腰間仗劍斬愚夫。雖然不見人頭落。暗地教君骨髓枯。至於鬬氣。乃是不忍。從是非中生出

二四 原文爲『壁』，按『民國六年歲次丁巳三月愛蓮堂重刊版』《太上老君說常清靜經》，及巴蜀書社出版《藏外道書・太上老君清靜經圖註》，改爲『璧』。

二五 原文爲『何尊重也』，按巴蜀書社出版《藏外道書・太上老君清靜經圖註》，改爲『何等尊重』。

許多煩惱也。不如看破『氣』字。誠心脩道。而養身中三花五氣。浩然剛氣。太和元氣。結成金丹。縱有煩惱。化爲烏有矣。至聖曰。血氣方剛。戒之在鬭。又曰持其志。無暴其氣。至於一切不如意處。便生煩惱。我以一空字。以虛其心。焉受煩惱之災乎。

邱祖詩曰。不貪名利不貪花。每日終朝臥彩霞。肚饑猿猴獻桃菓。口幹龍女送蒙茶。勝如漢口三千户。賽過京都百萬家。奉勸世人早惺悟。掃開煩惱煉黃芽。

紫陽真人詩曰。勿貪酒色勿貪錢。富貴窮通總隨緣。色即是空空即色。煙生於火火生煙。醍醐灌頂卻煩惱。取坎填離掃慾牽。一念掃中塵境滅。養顆明珠似月圓。

生死圖

河圖生

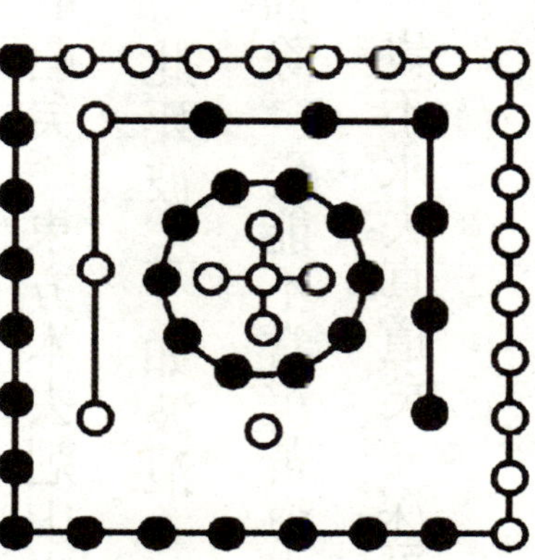

洛書死

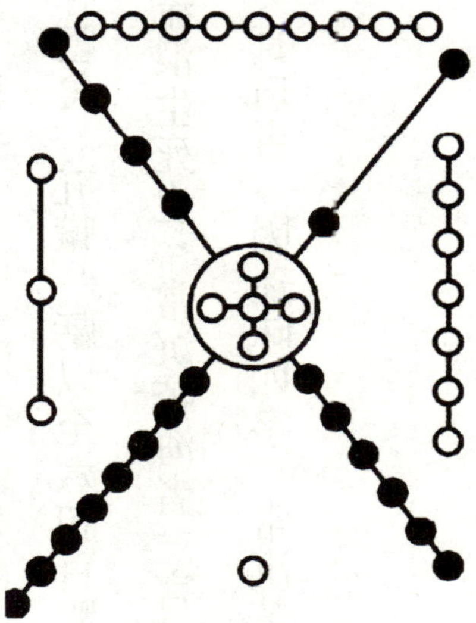

生死品第二十三

便遭濁辱。流浪生死。常沉苦海。永失真道。

便者、定要也。遭者、逢臨也。濁者、下賤也。辱者、欺凌也。便遭濁辱者。是言人生在世。貪心不了。名利恩愛之中。便是煩惱憂愁。種種波滔。但失陷處。必受五濁之辱也。流者、沈下也。浪者、事疊也。生者、河圖也。死者、洛書也。流浪生死者。言人在世。迷於酒色財氣。不知生從何來。死從何去。夫生僊生人之道者。河圖而已矣。人生之初。秉父母之元氣。而結一顆明珠。名曰無極。得父母之精血。名曰太極。天一生壬水。在上生左眼瞳仁。在下而生膀胱。地二生丁火。在上生右眼角。在下而生心矣。天三生甲木。在上生左眼黑珠。在下而生膽。地四生辛金。在上生右眼白珠。在下而生肺。天五生戊土。在上生左眼眼皮。在下而生胃。地六成癸水。在上生右眼瞳仁。在下而生腎。天七成丙火。在上生左眼角。在下而生小腸。地八成乙木。在上生右眼黑珠。在下而生肝。天九成庚金。在上生左眼白珠。在下生大腸。地十成己土[二六]。在上生右眼皮。在下而生脾。由此而五臟。由此而六腑。以至週身三百六十五骨節。八萬四千毫毛孔竅。莫不由河圖而生之也。生凡如此。生聖亦如此也。夫人死之由。洛書而已矣。從先天之河圖。變後天之洛書。又從洛書中央土。去剋北方水。則腎虧矣。北方水去剋南方火。則心虧矣。南方火去剋西方金。則肺虧矣。西方金去剋東方木。則肝虧矣。東方木去剋中央土。則脾虧矣。五臟一虧以至六腑百體。俱皆衰矣。不死有何待哉。此死彼生。如波浪一般。故曰流浪生死也。常沉苦海者。言酒色財氣。爲四大苦海。若不掃除。焉能不常沉苦海者哉。永失真道者。因迷昧四字。常沉苦海。連人身難保。何能言道。豈不永失真道矣。深可嘆哉。

二六　米晶子註：戊土，陽土。己土，陰土。

長生大帝詩曰。識破河圖早下功。還原返本一真宗。但能闖出洛書綱。壽比南山一樣同。

薛道光二七**詩曰。苦勸人脩不肯脩。常存苦海爲何由。百年富貴電光灼。口氣不來萬事休。**

翠虛真人詩曰。老君清靜度人經。指出身中日月星。生死死生由自主。佛僊僊佛在心靈。

超脫法身圖

二七 米晶子註：三祖，薛道光。四祖，陳泥丸。

超脱品第二十四

真常之道。悟者自得。得悟道者。常清静矣。

真者。落實也。常者。中庸也。之者。行持也。道者。無極也[二八]。真常之道者。所言先天大道。乃爲真道。三千六百旁門。乃爲假道。真道者。正心脩身之道也。假道者。索隱行怪之道也。悟者。窮究也。自者。定然也。得者。領受也。悟者。自得者。人能窮究性命。訪拜至人。指示脩性脩命之大道。返本還原之秘訣。方是悟者自得也。豈是教你在紙上窮悟。可能得乎。古云達摩西來一字無。全憑心意用功夫。若要書中尋佛法。筆尖蘸幹洞庭湖。悟真篇曰。任君聰慧過顔閔。不遇明師莫强猜。皆此之謂也。得悟道者。是善人積功累行。感動天心。明師相遇。低心求領大道。時常条悟其理。晝夜苦脩其道。不可半途而廢。只待功果圓成。丹書下詔。脱殼飛昇。方爲了當。這纔是。訪道求道。得道悟道。脩道守道。成道了道。有此八箇道字，大丈夫之能事畢矣。常清静者。常爲永遠。清爲圓明。静爲安寧也。言道成德備。功圓果滿。陽神冲舉。三官保奏。僊童接引。過九霄。上玉京。見諸佛。謁上

二八　米晶子註：道者，無極也。空者真空，色者妙有。

帝。會衆祖。朝金母。照功之大小。以定品級。依果之圓缺。而封天爵。僊衣綬帶以榮其身。玉果瓊漿以滋其腹。三乘九品。依功而定。五僊八部。看果而贈。或居中天。或居西天。皆是極樂。或居三十六天。或居七十二地。盡爲福地。或居三清。或居十地。概屬清靜。高高低低。大大小小。依功定奪。毫無私屈。隨緣隨分。享受清靜之福。豈不美哉。豈不樂哉。不枉爲人出世一場。這纔是大丈夫。人上之人也。至此則常清靜矣。

元始天尊讚曰。清静妙經是上乘。脩行男女可爲憑。金科玉律相同契。九六乾坤冉冉昇。

靈寶天尊讚曰。急尋清静悟真空。收性回西莫轉東。採鍊丹功果就。超凡脫殼謁蒼穹。

蓋天古佛讚曰。清静寶經至妙玄。多蒙天一註成全。有人得會經中理。三教凡夫登寶蓮。

降生天尊詩曰。清靜經圖最為先。度人寶筏一慈船。經文點破生死竅。註解掀開井中天。

太上清静經註解終

太上老君說了心經[二九]

若夫脩道，先觀其心。心爲神主，動静從心。心動無静，不動了真。心爲禍本，心爲道宗。不動不静，無念無存。無心無動，有動從心。了心真性，了性真心。心無所住，住無所心。心無執住，無執轉真。空無空處，空處了真。

老君曰：吾從無量劫來觀心得道，乃至虛無，有何所得。爲度衆生，强名得道。

老君曰：吾觀衆生不了其心，從勞浩劫，虛役其神，於心無了，永劫沉淪。依吾聖教，逍遥抱真。

太上老君說了心經終

[二九] 撰人不詳，約出於唐代。校對版本：《中華道藏・第六冊・太上老君說了心經》《正統道藏・洞神部文本類・太上老君說了心經》。

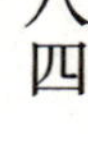

太上赤文洞古經註[三〇]

太上赤文洞古經註序

夫至道無言，真空非色，思之者莫能知，觀之者不可見，賾之不可得，行之不能到，陶鑄天地，率循造化，寂而不動，應滿六虛，令萬物蒙休，羣生復命。巍巍乎至矣哉！非聖人孰能通之者耶？况元始大聖，慈心廣布，慧照十方，觀見衆生忘歸失本，宛轉世間，輪迴不息，長劫受苦，不能自明。遂感法雨敷滋，宣揚妙道，引接有情，出生死海，游清虛之境，恬惔之鄉，超乎塵垢，步乎寥廓，逍遥獨化，微妙玄通，無爲自然，返於純素冥極混茫者也。

[三〇] 金末元初全真道士龜山長筌子註。校對版本：《中華道藏·第六冊·太上赤文洞古經註》《正統道藏·洞真部玉訣類·太上赤文洞古經註》。

太上赤文洞古經註

操真章上

有動之動，出於不動。

有動者，應機也。無動者，抱元守一也，歸根復命也。故經云：清者濁之源，動者靜之基。唯精唯一，允執厥中。夫物芸芸，各復歸其根。歸根曰静，至静不動也。

有爲之爲，出於無爲。無爲則神歸。

神本湛寂，感而遂通，不得已而後起，隨機接物，妙用無窮。去智與仁，故循天之理。淡然無極，而衆妙歸之。

神歸則萬物云寂。

專氣致柔，能如嬰兒。抱守沖和，真氣氤氲，萬物皆長生也。知和曰常，心使氣曰强。强者堅强壯老，死之徒也。

不動則氣泯，氣泯則萬物無生。

氣絕神逝，九竅百骸，變滅塵土也，更何疑之。

神神相守，物物相資，厥本其根。

以虛養虛，以實養實。何以故？忘形養氣，忘氣養神，忘神養虛，虛室生白，吉祥止止，神氣沖寧，靈根深固，故成長生久視之道也。

默而悟之，我自識之。

至道之玄。不假外物而得。默默昏昏，無應無問，靈光獨耀，迥脱根塵。體露真常，不隨萬法，可以全生，可以復本也。

入乎無間，

無間者，無有也。是不言之教，無爲之益。圓通無礙，應化無窮，遍滿十方，時時運動，無有間斷也。

不死不生，

玄珠燦燦，今古常明。萬物混成，法法平等。非静非染，無始無終，故曰不死不生者也。

與天地爲一。

天道清虛，所以能長。地道寧静，所以能久。人能悟理，達其妙道，致虛極，守静篤，恬惔

寂然，不爲萬物之所累，清浄無爲，可以與天地爲一者哉。

入聖章中

忘於目，則光溢無極。

五色亂明，令人目盲。色者，彰也。色色者，未嘗顯。何謂也？法眼圓通，明照十方三界，觀物無物，觀空不空，視之冥冥。杳冥之中，獨見曉焉。靈光充塞，無窮極也。

泯於耳，則心識常淵。

五音亂聰，令人耳聾。心是清淵，本自湛澄。是非言語，美惡聲音，皆爲妄情僞物。飄風驟雨，動擾心源，神室不靈。若能泯絶是非，不受於中，無聲之中，獨聞和焉，然後可以聽玄歌白雪，不鼓陽春，僊音之曲調也。

兩機俱忘，絶衆妙之門。

聲色雙泯，動静兩忘。聽之不以氣，視之不以神，是謂太玄之妙，虚曠之靈。深之又深，而能物焉。神之又神，而能精焉。無爲之爲，不知而知。靈明曠徹，廣大虚寂，妙無邊際也。

純純全全，合乎大方。

物我俱忘，有無不立。昏昏默默，杳杳冥冥。無邊無際，非外非中。其游無端，其出無方，化育萬物，不可爲象，混成無方隅也。

溟溟涬涬，合乎無倫。

至道重玄，浩浩蕩蕩，理無等倫；藏之則爲元精，用之則爲萬靈，含之則爲太一，放之則爲太清；無相無名，至尊至貴，迷之則凡夫，悟之則聖賢。

天地之大，我之所維。

古今聖賢、得道真人，提挈天地，把握陰陽，雕琢萬物，澤及羣品，不爲難乎？

萬物之衆，我之所持。

宇宙在乎其手，萬化生乎一身。

曷有窮終，以語其弊哉。

聖人直説妙道，普現普光，惟恐後世凡夫不信疑惑，大發謙辭，若言不盡其理，以語爲弊，惡舛訛之説也。

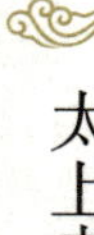

住世章下

養其無象，象故常存。

真氣熏蒸，而時無寒暑。純陽流註，而民無死生。故曰心燈朗照，法身長存。慧燭不明，道容豈載？

守其無體，體故全真。

天地相合，以降甘露，滋榮羣品。人能安靜和暢，寶瓶堅固，玉漿香美，真水下降，滋養妙體，返老如童孩，不亦善乎。

全真相濟，可以長久。

水火既濟，魂魄相守，鉛汞相凝，錬成大藥，結就金丹，燦爛光輝，無幽不燭，純白入素，無爲復朴，長生不滅，沒身不殆，號曰真人者也。

天得其真，故長。

天得純粹不雜之道，則故能覆蓋羣有，包羅萬象，歷劫清凝，鑒物無私，不言而應，妙用無窮，高虛長遠，大無不包，久而不易也。

地得其真，故久。

地得其真，則育養萬物，深根固蔕，安静無爲，乃長久也。

人得其真，故壽。

死而不亡者壽。但世人悟其真趣，得其妙元，與道合真，沒身不殆，同其聖賢，令後代祭祀不輟，何以加此焉。

世人所以不能長久者，爲喪其無象，散其無體，

五味濁口，五臭熏鼻，聲色闕塞耳目。取捨滑心，使性飛揚，迷情徇物，念念相嬰，使心智游乎外，鬼神入其内，是非寵辱亂擾靈源，與物相刃相靡，終身疲役。區區業網而不知其歸，可不悲乎？身適美厚，錦繡羅穀，意迷邪見，顛倒妄想，至於窮年，不知天命。喪己於物，失性於俗者，謂之倒置之民，可不哀哉！

不能使百骸九竅與真體并存，故死矣。

内本清静光明，虚白晃耀，奈何愛染萬緣，不生返照，飄飄一性之散，沉沉萬劫之迷，難省真身，遷於别蜕，迷其真源，壞其内也。萬劫輪迴，生死海中，不能超度，甚可哀憐矣。

太上赤文洞古經註終

太上大通經註[三二]

太上謂無上可上，大通謂無所不通，經謂登真之徑路，衆所通行之道也。首章云無行無體，謂真空妙理最上一乘之妙也，即太上之義。次章云如空無相，謂四通八達無所窒礙，即大通之義也。下章云無相無爲，廣無邊際，謂大道至廣至大，至妙無窮，日用之間，頭頭顯露，此所以爲經也。

真空章

先天而生，顯諸仁。**生而無形，**藏諸用。**後天而存，**所存者神。**存而無體，**神無方易無體。**然而無體，**陰陽不測。**未嘗存也。**運化不息。**故曰不可思議。**妙用無窮。

三二　元人李道純註。校對版本：《中華道藏・第六册・太上大通經註》《正統道藏・洞真部玉訣類・太上大通經註》。

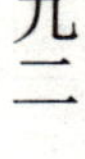

右真空一章。原道之始也。子曰：天何言哉，四時行焉，百物生焉。即先天而生，生而無形之義也。《中庸》曰：視之而不見，聽之而不聞，體物而不可違，即後天而存，存而無體之義也。然而無體，故運化生成而無窮也，非窮理盡性者，其孰能與於此，故授之以玄理章。

玄理章

静爲之性，寂然不動。**心在其中矣。**感而遂通。**動爲之心，**見物便見心。**性在其中矣。**無物心不見。**心生性滅，**心生種種法生。**心滅性現，**心滅種種法滅。**如空無相，**大象無形。**湛然圓滿。**通上徹下。

右玄理章。原性之元也。《中庸》曰：喜怒哀樂未發之謂中，中也者，天下之大本也。即静爲之性之義。又曰：發而皆中節，謂之和，和也者，天下之達道也。即動爲之心之義。性本静，非心則不見。心本静，非動即不見。因物見心，潛心見性。性寂知天，是謂通也。苟或心隨物轉，性所以忘也。故曰心生性滅。設若潛心入寂，性所以現也。故曰心滅性現。蓋性如虚空，動與不動，常寂；見與不見，常明。一切物來相撓，如片雲點虛空相似，太清還受點也。無既不受點，則湛然圓滿。我之性天亦復如是。

玄妙章

大道無相，故内其攝於有。養其無象，象故常存。**真性無爲，故外不生其心。**無所用心，心故常存。**如如自然，廣無邊際。**無爲則無不通。**對境忘境，不沉於六賊之魔。**我不逐境，境無干我。**居塵出塵，不落萬緣之化。**我不立塵，塵不染我。**致静不動，**大定。**致和不遷，**大慧。**慧照十方，**大明。**虛變無爲。**大通。

右玄妙章。明道之理也，故次之以玄理章，《洞古經》云：養其無象，象故常存，即大道無相之義。孟子曰：無爲其無所不爲。即真性無爲之義。内無相則如如自然，外無爲則廣大悉備。祖師謂丹田有寶休問道，對境無心莫問禪。即此義也。對境忘境，何魔之有？居塵出塵，何緣之有？緣息則性静，魔息則心和。致静則不動，致和則不遷。二理兼持，則圓明普照，神變無方也。

頌曰：有法悟無法，心隨法生，法隨心滅。**無脩解有脩。**性本無脩，脩即非性。

包含萬象體，心空性寂，無所不容。**不挂一絲頭。**纔染一塵，即成滲漏。

右頌。言其體用也。體之則無，用之則有。所以自有法頓悟無法。因無脩勘破有脩。

至於有無不立，心法雙忘，體同太虛，包羅無外，大道之理，至是而盡矣。

太上大通經註終

老子說五厨經註[三二]

老子說五厨經序

臣聞《易》曰：精義入神，以致用也；利用安身，以崇德也。富哉言乎！富哉言乎！是知義必精，然後可以入神致用，用必利，然後可以安身崇德。義不精而云致用，用不利而云安身，身不安而云知道者，未之有也。然則，冲用者，生化之主也。精氣爲物，謂之委和，漠然無間，有與立矣。則天地大德不曰生乎？全其形生者，在乎少思寡欲，抱樸尋和，游心於淡，合氣於漠，且清明在躬，志氣如神，嗜欲將至，有開必先。故聖人垂教以檢之，廣業以持之，專氣致柔以道其和，嚮晦宴息以窒其欲。洗心藏密，窮神知化？然後安身而國家可保，德用而百姓不知，是以自

[三二] 唐·尹愔悉註。校對版本：《中華道藏·第二十三册·老子說五厨經註》《正統道藏·洞神部玉訣類·老子說五厨經註》。

天祐之，吉無不利矣。伏讀此經五章，盡脩身衛生之要，全和含一，精義可以入神，坐忘遺照，安身可以崇德，研味滋久，輒爲訓註。臣草茅微賤，恩霈特深，天光不違，自忘鄙陋，伏上慚懼，徊徨如失。臣愔，頓首，頓首，謹言。

老子說五厨經註

夫存一炁和泰和，則五藏充滿，五神靜正。五藏充則滋味足，五神靜則嗜欲除。此經是五藏之所取給，如求食於廚，故云五廚爾。

一氣和泰和，

一氣者，妙本冲用，所謂元氣，冲用在天爲陽和，在地爲陰和，交合爲泰和也。則人之受生，皆資一氣之和，以爲泰和，然後形質具而五常用矣。故老子曰：萬物負陰而抱陽，冲氣以爲和也。則守本者當外絕二受，以全生分，内存一炁，以和泰和，和一而性命全矣。故老子曰：專炁致柔，能嬰兒乎。

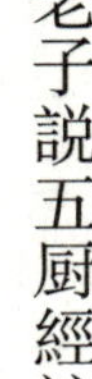

得一道皆泰。

得一者，言内存一炁以養精神，外全形生以爲居泰，則一炁冲用，與身中泰和和也，故云得一。如此則脩生養神之道，皆合於泰和矣。故老子曰：萬物得一以生。

和乃無一和，

言人初禀一炁，以和泰和，若存和得一，則和理皆泰，至和既暢，非但無一，亦復無和，不可致詰，如土委地。故老子曰：吾不知其名。

玄理同玄際。

玄，妙也。理，性也。此言一炁存乎玄際和理出其性，性脩反德，而妙暢於和，妙性既和，則與玄同際。故老子曰：同謂之玄也。

不以意思意，

意者，想愛也。言存一炁以和泰和者，慎勿存想受，以緣境識，當凝神湛照，令杳然空然，使和暢於起念之前，慧發於忘知之後，瞻彼闋者，則吉祥止矣。若以意思意，意想受塵，坐令焚和，焉得生白？故老子曰：塞其兑，閉其門，終身不勤。

亦不求無思。

但不緣想受，則自發照慧，照慧之發，亦不自知，若知求無思，即涉想受，與彼思意等無差別。故老子曰：無名之朴，亦將不欲。

意而無有思，

内存一炁，但令其虚，虚即降和，和理自暢，雖則不緣想受納和，强假意名，既非境識所存，是以於思無有。老子曰：用其光，復歸其明。

是法如是持。

如是内存泰和，泰和之法和暢，則是法皆遣，遣法無住，復何所持，以不持爲持，故云是法如是持也。

莫將心緣心，

心者，發慧之質，想受之器也。正受則發慧，邪受則生想。言人若能氣和於中，心正於内，内照清净，則正慧湛然，鑒明而塵垢不上，淵渟而萬象俱見。見象無主，謂之常心，若以心得心，緣心受染，外存諸法，内無慧照，常心既喪，則和理亦虧矣。故莊子曰：得其心，以

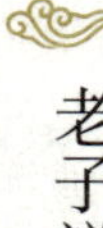

其心，得其常心，物何爲冣之哉。

還莫住絕緣。

夫以心緣心，則受諸受，若正受生慧，自得常心，慧心既常，則於正無受，何等爲緣，既無緣心，亦無緣絕，湛然常寂，何所住乎？老子曰：損之又損之，以至於無爲也。

心在莫存心，

慧照湛常，則云心存，於絕無往，故曰莫存心照，既不將而隨迎心緣，則無絕而無住矣。

真則守真淵。

真者，謂常心慧照，清浄不雜也。若湛彼慧源，寂無所染，既無知法，亦無緣心，則泰和含真，本不相離，故云守爾。

脩理志離志，

理者性也，志者心有所註也。若絕外境受此心也，則性受也。言脩性者，心有所註。但得遍照，若外塵已絕，境識無註，離形去智，同與大通，性脩反初，圓照無滯，内外俱浄，玄之又玄，則離於註想矣。

積脩不符離。

上令脩性離志，則内外俱寂，無起住心，亦無空心，坐忘行忘，次來次滅，若積聚脩習，不能忘泯，起脩一念，髮引千鈞，内照既摇，外塵咸起，則與彼離志不相符合也。

志而不脩志，

若心無所註，則何由漸悟，必因所註而得定心，故云志也。不脩志者，明離志而不積脩，忘脩而後性定，則寂然圓照。

己業無己知。

因心註而慧業清净，故云己業。内忘諸己，外忘諸物，於慧照心無毫芒用，則於己業自忘知，故云無己知。

諸食氣結氣，

夫一炁凝結，以和泰和，和一皆泰，則慧照常湛。今口納滋味，以充五藏，身聚泡沫，載其形生，受體於地，凝濕於水，稟熱於火，恃息於風，四緣結漏，皆非妙質，故緇涅一氣，昏汨泰和，令生想受則動之弊穢矣。

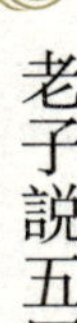

非諸久定結。

言人當令泰和含一，無所想受，守真常湛，則與泰和合體。今以諸食結氣，故非久定結也。

氣歸諸本氣，

四緣受識，六染生弊，地水火風，散而歸本，根識既染，則從所受業矣。

隨取當隨洩。

取者，受納也。洩者，發用也。夫想有二受，業有二應，隨所受納，發用其徵。若泰和和一，則一炁全和，致彼虚極，謂之復命，復命得常，謂名正受，正受浄業，能生慧照，慧照湛常，一無所有，則入無間矣。一者，則食炁歸諸四緣，業成則淪於六趣矣。

老子説五廚經註終

太上老君著日用妙經[三三]

夫日用者，飲食則定，禁口獨坐，莫起一念。萬事俱忘，存神定意，口脣相粘，牙齒相著，眼不視物，耳不聽聲，一心内守，調息綿綿。微微輕出，似有如無，莫教間斷，自然心火下降，腎水上昇，口内甘津自生，靈真付體，自知長生之路。十二時辰，常要清靜。靈臺無物爲之清，一念不起爲之靜。身是炁之宅，心是神之舍。意行則神行，神行則炁散。意住則神住，神住則氣聚。五行真氣，結成刀圭，自然身中有聲，行處坐卧，常覺身體如風之行，腹内如雷之鳴，冲和氣透，醍醐灌頂，自飲刀圭。耳聽僊音無弦之曲，不撫而自聲，不鼓而自鳴，神炁相結，如男子懷孕，得觀内境，神自言語。是虛無之宅，與聖同居，煉就九轉，結成大丹，神自出

三三　作者不詳。校對版本：《中華道藏·第十九冊·太上老君内日用妙經》《正統道藏·洞神部文本類·太上老君内日用妙經》。

入，與天地齊年，日月同明，脱離生滅矣。每日休教有損失，十二時辰，常要清靜。炁是神之母，神是炁之子，如鷄抱卵，切要存神養炁，能無離乎？妙哉，玄之又玄。人身中有七寶事，爲富國安民，精炁盈滿也。精是水銀，血是黄金，炁是美玉，髓是水晶，腦是靈砂，腎是硨磲，心是珊瑚，此是七寶，歸身不散，煉就大藥，萬神盡登僊矣！

太上老君日用妙經終

太上九要心印妙經[三四]

序

夫九要者，要乃機要也，以應大丹九轉，故以道分九篇，法顯九門，九門合理，篇篇歸根。雖不得親師之旨，得此要如親師訓，得者坐獲天機，悟之者爲之心印。若依行者，在欲無欲，居塵出塵，分立九門，還元二儀。學道君子，細意詳之。先序顯用，次要應體，以體兼用，性命備矣。

太上九要心印妙經

真一祕要

夫真一者，純而無雜謂之真，浩劫長存謂之一。太上曰：天得一，以日

[三四] 僊人張果老述。校對版本：《中華道藏·第十九册·太上九要心印妙經》《正統道藏·洞真部方法類·太上九要心印妙經》。

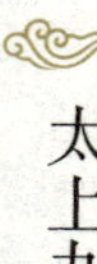

月星辰長清；地得一，以珠玉瓅長寧；人得一，以神氣精長存。一者，本也，本乃道之體，道本無體，强名曰體。有體之體，乃非真體，無體之體，日用不虧矣！真體者，真一是也，真乃人之神，一者人之氣。長以神抱於氣，氣抱於神，神氣相抱，固於氣海，造化神龜，乃人之命也。神乃人之性也，性者南方赤蛇，命乃北方黑龜，其龜蛇相纏，二氣相吞，貫通一氣，流行上下，無所不通，真抱元守一之道也。

槖籥祕要

夫槖籥者，人之心腎也，心者神之宅，腎者氣之府，既以心爲宅，以腎爲府，豈有造化也？今時學道之人，使心運氣，亂作萬端，屈體勞形，非自然之道。聖人曰：凡是有相，皆是虛妄，無相之相，謂之真相。真相者，神氣也。神者，心之主；氣者，腎之本，是以聖人返本還元。還元者，補髓也，補髓之機，還元之道，命乃了矣！聖人立法，曰假一神調氣，藉一氣定神，神氣調定，方曉動静。動者氣也，氣者命也；静者性也，性乃神也，神不離氣，氣不離神，神氣不相離，道本自然也。

三五一樞要

夫三五一者，三陽、五行、一氣也。三陽者，三火也，以精爲民火，以氣爲臣火，以心爲君火。君火乃性火也，惟性火不可發，亦不可用。性火若發，如火生於木，禍發必剋。不用者，必不可動也，蓋是神定則氣定，氣定則精定。三火既定，併會丹田，聚燒金鼎，返煉五行，運於一氣。綿綿一晝一夜，一萬三千五百息，按周天三百八十四爻，氣血行八百一十丈，脉行五十度，此乃周天，方爲火候。其火有二等，分於內外，外火者有形有象，可煉五金，造化五穀，滋養於人，此火非能煉丹。煉丹之火，其在內火。內火者有名無形，藉五穀之氣，即生真火，真火既生，返鍊其精，精返爲神，鍊神合道，道本自然，不離一氣。一氣既調，百脉皆順也。

三一機要

夫三一者，三成一氣也，上有神僊抱一，鍊神之道；中有富國安民，鍊氣之法；下有强兵戰勝，鍊精之術。道分三成，不離一氣。一氣者，天也，乃天清虛自然之氣，氣中有神，神抱於氣，因氣抱於一神，鍊神合道，道本自然，此乃神僊抱一鍊神合道也。中有富國安民鍊氣之法，中者人也，以身爲國，以氣爲民，以心爲帝王，帝王愛民而民自安。帝正者，心不亂也，心不亂則氣自調，氣調則神和，神和則精悦，精悦則身安泰，此乃富國安民鍊氣之法也。以重濁而爲地，其濁中有清，在欲無欲，謂之强兵。心不動而氣不交者，爲之戰勝。此乃强兵戰勝鍊精之術也。及人之未生時，在乎混沌之間，亦神不曾離氣，氣不曾離神，神氣不相離，精神内守，精散爲氣，氣結成神，鍊神合道，道法自然。因道建法，法就顯術，分而爲三，混而爲一。一者精也，精乃元氣之母，人之本也。在身爲氣，在骨爲髓，在意爲神，皆精之化也。蓋萬物皆禀一氣，因氣造化五行，五行即五穀也，五穀之氣，入於臟腑，精住丹田，精者人之本也。是以聖人返其本而還其元，此乃返本還元之道也。

日魂月魄真要

夫日魂月魄者，陰陽也，陰陽者，日月也。日屬陽魂，月屬陰魄，日中有鷄，西方金肺之象屬陰，乃日魂藏月魄，魄滿於魂，故日以清。月中有兔，東方木肝之象，肝屬陽魂，乃月魄藏日魂，魂滿於魄，故月以明。魂魄者，乃人之鉛汞也。鉛汞有數，鉛八兩，汞八兩，乃一斤之數，十六兩也。凡二十四銖爲一兩，按周天三百八十四爻，日月運度之數，天地造化之機，聖人立數，後人依數而行之，其大小之法，因數有定，大者一年之法，小者一時之用，一時正則可奪一年之造化也。密語曰：凡每月初一日爲首正，子時坎卦，進汞一兩，離卦進鉛一十五兩；次日坎卦進汞二兩，離卦進鉛十四兩；至十五日，抽添數足。周而復始，其大小月，細審詳之。鉛汞者，人之魂魄也，魂魄者，人之神氣也。神者好靜，氣者好動，動靜常在坎離之間。動靜之訣，上十五日魂守魄，下十五日魄守魂，一時之用，可奪一年之造化也。

日用五行的要

夫日用者，長以神守於氣，氣守於神，神氣相守。聚而不散者，真日用也。神能通應，意到心成，若神定，則行住坐卧晝夜皆同。神伏氣在，氣在神，神在形，三物皆在，復歸真一，萬事畢矣！又五行者，心主神，肝主魂，脾主意，腎主志，肺主魄，五行聚而化爲丹也。聚之訣曰：專於一神，志於一意，守於魂魄，會於丹田。魂魄者，人之神氣也，氣乃命也，神乃性也，一性固命，一命固性，性命相固，共成一氣。一氣者，火也，其火無形，發之有焰，此火只可煉丹，不可别用，若能内守真火，聚而不散者，真抱元守一之道也。

七返還丹簡要

夫七返還丹者，天有七星，運斡四時；人有七竅，唯聽視聞。眼觀色者，視之不見；耳聽聲者，聽之不聞；鼻不聞香，口受無味，真七返也。一心歸命謂之還，五氣不散謂之丹。丹有二種，於内外二丹者，超神接氣，超神在世。出世接氣者，火候無差。其內丹不得外丹則不成，其外丹不得內丹則無主。內丹者，真一之氣；外丹者，五穀之氣。以氣接氣，以精補髓，補接之功，不離陰陽二氣。陽氣昇即爲返，陰氣降即爲還，晝夜還返，至於丹田。陽不得陰而不昇，陰不得陽而不降，自然還丹之要，祕於此矣三五！

八卦朝元統要

夫八卦者，以心腎爲坎離，坎離爲陰陽。陽即魂也，陰即魄也。魂者以應東方甲乙木，謂之青龍；魄者以應西方庚辛金，謂之白虎。因坎離生龍虎，乃成四象，內分八卦。八卦者，東方甲乙木，甲主乾，乙主坤；木生丙丁，丙主艮，丁主兑，艮兑合序爲一氣者，火也。火生戊己，戊己無形，分於四季，內生庚辛，庚主震，辛主巽，合而爲一者，金也。金生壬癸，壬主離，癸主坎，坎離者，陰陽也。陰陽者，內外也，內氣

三五　米晶子註：形乃鉛也，鉛乃精之成形。

爲陽，外氣爲陰，陰陽昇降，動静自然，非神所作，乃天地冲和之氣，常在坎離之間，綿綿晝夜，息息無窮，此乃八卦還元歸根之道也。

九還一氣總要[三六]

夫九者，陽也，還者，聚也，一者氣也。九陽既聚，性命相守，上則清虛，日月行度之數；下則地氣，生産萬物之源；中則人身，陰陽造化之理。内各有三，故曰三共之道，是名九要也。内各有三者，天有三，日月星，以應人之眼耳鼻；地有三，高下平，以應人之魂魄精。魂魄精者，以應人之精氣神。神乃精之主，精乃神之本，名則分三，不離一氣。一氣者，胎息也[三七]，胎乃藏神之府，息乃胎化，元因息生，息因神爲胎，胎不得息則不成，息不得神則無主。神乃息之主，息乃胎之根，胎乃息之宅，神乃胎之真。在腹之中謂之胎，一呼一吸謂之息，故名胎息也。胎

三六　米晶子註：此篇討心細審。

三七　米晶子註：胎息乃鉛之體。

者形中氣之子，息者形中神之母，形中子母，何不存守，存守者，存其神而守其氣。其氣在坎離夾中，圓如杵臼，又象伏龜，故曰神龜。龜含黑水，水中有氣，名曰神氣，又曰碧眼胡僧，號曰真人，人之根蒂，俱在此焉。十二時中，天門借氣，緊閉地關，神室内守，自有神龜呼吸，有名無形，有動無名，非所用升降，自然藉外氣則升，隨氣升而腹自鼓，外氣升而内氣降，内氣降而腹自納，鼓納之機，天地之橐籥也。橐籥者，天地動作之氣，真陰真陽也。内氣爲陽，外氣爲陰，内氣不出，外氣不入，神符氣定。外氣符即爲至寶，内氣符即成金丹。金丹者，純陽之物，浩然之真，直指天機，歸根之道盡矣！若遇至人，與天盟誓，先付口訣，次傳心印，慎勿輕泄天寶。戒之！戒之！

太上九要心印妙經終

胎息經註三八

胎從伏氣中結，

臍下三寸爲氣海，亦爲下丹田，亦爲玄牝。世人多以口鼻爲玄牝，非也。口鼻即玄牝出入之門。蓋玄者水也，牝者母也。世人以陰陽炁相感，結於水母，三月胎結，十月形體具而能生人。脩道者，常伏其炁於臍下，守其神於身內，神炁相合而生玄胎，玄胎既結，乃自生身，即爲內丹，不死之道也。

氣從有胎中息。

神爲炁子，炁爲神母，神炁相逐，如形與影。胎母既結，即神子自息，即元炁不散。

氣入身來爲之生，神去離形爲之死。

《西昇經》云：身者神之舍，神者身之主也。主人安静，神即居之；主人躁動，神即去之。

三八　幻真先生註。校對版本：《中華道藏・第二十三冊・胎息經註》。

神去炁散，安可得生？是以人耳目手足，皆不能自運，必假神以禦之。學道養生之人，常拘其神以爲神主，主既不去，宅豈崩壞也。

知神氣可以長生，固守虛無以養神氣。

道經云：我命在我，不在天地。天地所患人不能知至道，能知而不能行。知者但能虛心絶慮，保炁養精，不爲外境愛欲所牽，恬淡以養神炁，即長生之道畢矣。

神行即炁行，神住即炁住。

所謂意是炁馬，行止相隨，欲使元炁不離玄牝，即先拘守至神，神不離身，炁亦不散，自然内實，不飢不渴也。

若欲長生，神氣相註。

相註者，即是神炁不相離。《玄綱》云：錙銖陽三九炁不滅不爲鬼，纖毫陰炁不盡不爲僊。元炁即陽炁也，食炁即陰炁也，常減食節欲，使元炁内運，元炁若壯，即陰炁自消，陽壯陰衰則百病不作，神安體悦，可覬長生矣。

三九　按巴蜀書社出版《藏外道書·第七冊·胎息經註》改「陰」為「陽」。

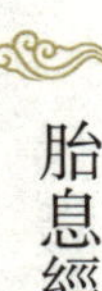

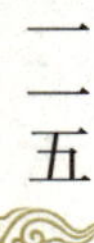

心不動念，無來無去，不出不入，自然常住。

神之與炁，在母腹中本是一體之物，及生下爲外境愛欲所牽，未嘗一息暫歸於本。人知此道，常泯絕情念，勿使神之出入去來，能不忘，久而習之，神自住矣。

勤而行之，是真道路。

脩真之道，備盡於斯。然聖人之言，不可妄乎！凡胎息用功後，關節開通，毛髮疏暢，即但鼻中微微引炁，相從四支百毛孔中出，往而不返也。後炁續到，但引之而不吐也。切切於徐徐，雖云引而不吐，所引亦不入於喉中，微微而散。如此，內炁亦下流散矣。

胎息銘

三十六咽，一咽為先。吐唯細細，納為綿綿。坐臥亦爾，行立坦然。戒於喧雜，忌以腥羶。假名胎息，實曰內丹。非只治病，決定延年。久久行之，名列上僊。

胎息經註終

崔公入藥鏡註解[四〇]

序

神僊之學，豈凡夫俗子之可聞。必是大根大器決烈丈夫、明眼高士之可爲也。且夫學者爲者何事？外則窮天地施化之理，内則明身心運用之機。然雖如是，宣尼若不遇老子親授，故無猶龍之嘆。瞿曇不是古聖再來，豈有出世之見。所以學者如牛毛，達者如麟角。此無他，在乎得傳與不得傳耳。神僊之學，不過脩錬性命，返本還源而已。採先天一炁以爲丹母，運後天之氣以行火候。以火煉性，則金神不壞。以火錬其命，則道氣長存。換盡陰濁之軀，變成純陽之體，神化自在，應運無窮，豈不奇哉。余見其今之學僊者紛紛之多，及至與其辯論真訣，人各偏執一見，

四〇 元・混然子王玠註。校對版本：《中華道藏・第二十七冊・崔公入藥鏡註解》《正統道藏・洞真部玉訣類・崔公入藥鏡註解》。

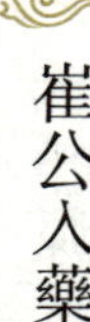

不合先師正傳之道。觀其《崔公入藥鏡》八十二句，言簡而意盡，貫穿諸丹經之骨髓。予不愧管窺之見，遂將吾師所授口訣，每四句下添一註脚，剖露玄機，作人天眼目。後之來者與我同志，試留心玩誦，斷斷有神告心悟之效無疑也。或者有云吾註不足爲信，而崔公之言當以爲實，依而行之，信而從之，運鍊一身，則學僊之能事畢矣。脩江混然子序。

崔公入藥鏡註解

先天炁，後天炁。得之者，常似醉。

先天炁者，乃元始祖炁也。此祖炁在人身天地之正中，生門密户懸中高處，天心是也。神僊脩鍊，止是採取先天一炁，以爲丹母。後天炁者，乃一呼一吸，一往一來，内運之炁也。呼則接天根，吸則接地根；呼則龍吟而雲起，吸則虎嘯而風生。綿綿若存，歸於祖炁。内外混合，結成還丹。自覺丹田火熾，暢於四肢。如痴如醉，美在其中。此所以得之者常似醉也。《道德經》云：谷神不死四一，是謂玄牝。玄牝之門，是爲天地根。綿綿若存，用之不勤。《易·坤卦》云：黄中通理，正位居體，美在其中，而暢於四肢，如斯之謂也。

日有合，月有合。窮戊己，定庚甲。

日月者，太陽太陰也。天有黄道爲度，三百六十五度四之一。其運轉也，一日一周。日月行乎其間，往來上下，迭爲出入，此所以分晝夜而定寒暑也。當冬至之節，一陽生於復，日從北行，月從南行。夏至之節，一陰生於姤，日從南行，月從北行。日行一日一度，至三十度，與太陰會。月本無光，借日之光。月行一日十二度有零，至三十日，行滿周天之度。每月晦朔，與太陽同會所行之宫，日月合璧，晦象年終，朔象歲首，會而復離，離而復還。月因日以受其明，陽魂漸長，陰魄漸消。至初八日夜，陽半陰半爲上弦；至十五日夜，與日對照爲望，故圓。圓滿之極，其理當虧，於是陰魄漸長，陽魂漸消。至二十三日夜，陰半陽半爲下弦；至三十日夜爲晦，又復與日同會。此天之日有合，月有合也。反求於身，吾身一天地，亦有日月也。以身爲乾坤，以坎離爲藥物，以日月運行爲火候。百姓日用而不知，豈知

四一　米晶子註：谷神不死天心是也。

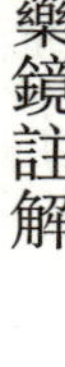

行之。吾身與天地日月無不同也。當作丹之時，運日月之雙輪，簇陰陽於一息，日月歸鼎，陰陽構精，烹之煉之，結成聖胎。此吾身日有合、月有合也。了真子曰：玉池常滴陰陽髓，金鼎時烹日月精是也。既明日月之合，必窮戊己之源。戊己者，中央土也。水火分爲上下，木金列於東西。木爲火母，金爲水母，若非戊己之功，水火不能既濟，金木不得歸併。當施化之際，是用戊土從坎起，進之以陽火，己土從離降，退之以陰符，攝回四象而同爐，此戊己之功也。既窮戊己之理，必定庚甲之方。庚西方，金也、情也、虎也。甲東方，木也、性也、龍也。言人之情，好於馳騁，見物即逐，如虎昌狂，故每傷於性。性被情迷，不能爲主，如龍奔騰，故二物間隔。大脩行人，制之不難。遇此時正好下手施功，須仗黃婆媒合，旋斗柄之機，一息之間即得金木歸併，情性合一，龍虎入鼎，心虛湛然，此所以定庚甲也。丹家妙用，宜乎生甲生庚，學者不可不知也。

上鵲橋，下鵲橋。天應星，地應潮。

人身夾脊，比天之銀河也。銀河阻隔，而有靈鵲作橋，故有鵲橋之説。人之舌亦言鵲橋也。凡作丹之時，以黃婆引嬰兒上昇泥丸，與姹女交會，名曰上鵲橋也。黃婆復徘徊，笑引嬰兒姹女同歸洞房，必從泥丸而降，故曰下鵲橋也。黄婆、嬰兒、姹女非真有也，乃譬喻之説，無出乎身心意三者而已。默運之功，内仗天罡斡運，外用斗柄推遷。起火之時，覺真氣騰騰上昇，如潮水之初起，直上逆流，故曰天應星、地應潮也。丹經云：工夫容易藥非遥，撥動天輪地應潮是也。

起巽風，運坤火。入黄房，成至寶。

作丹之法，乃鍊吾身中真鈆真汞也。鈆遇癸生之時，便當鼓動巽風，搧開爐鞴，運動坤宫之火，沉潛於下，抽出坎中之陽，去補離中之陰，成乾之象，復歸坤位而止，片餉之間，發火煅鍊，鈆清汞潔，結成空炁金胎，歷劫不壞，此所以入黄房成至寶也。《度人經》云：中理五炁，混合百神，十轉迴靈，萬炁齊僊。蕭廷芝云：大藥三般精氣神，天然子母互相親，回風混合歸真體，煅鍊工夫日日新。是也。

水怕乾，火怕寒。差毫髪，不成丹。

脩真内鍊之要，鼎中之水不可乾，爐内之火不可寒。《丹經》所謂：金鼎常留湯火煖，玉爐不要火教寒是也。以外丹言之，凡作丹之時，行武鍊文烹之功，大要調和火力。若用之太

過，則火燥水濫，不及則水乾火寒。務在行之停句，一刻周天，水火既濟，鼎内丹結，自然而然也。若差之毫髮不成丹矣。僊師云：藥有老嫩，火有斤兩，學者不可不知。了真子有云乎：七返九還須識主，工夫毫髮不容差。《悟真篇》云：大都全藉脩持力，毫髮差殊不作丹。是也。

鈆龍昇，汞虎降。驅二物，勿縱放。

鈆者，坎中一點真陽，謂之龍也。汞者，離中一點真陰，謂之虎也。凡作丹之時，飛戊土抽坎中之鈆，木生火而炎，上昇泥丸，龍從火裏出，故曰鈆龍昇也。用己土攝離中之汞，金生水而流，下降丹田，虎向水中生，故曰汞虎降也。擒捉之功，非加武火之力，則鈆龍不昇。非用文火之力，則汞虎不降。一息周流妙在堅剛，著力擒龍虎入鼎，烹鍊化爲王漿，故曰驅二物勿縱放也。張紫陽云：西山白虎性猖狂，東海青龍不可當，兩手捉來令死鬥，鍊成一塊紫金霜。是也四二。

產在坤，種在乾。但至誠，法自然。

四一　米晶子註：此是觀天心也。

張紫陽云：要知産藥川源處，只在西南是本鄉。此所以言吾身西南方，乃坤位也。人腹爲坤，人首爲乾，坤居下爲爐，乾居上爲鼎。金丹大藥産在坤，種在乾。凡作丹採藥之時，必從坤位發端，沉潛尾穴温養。見龍當加武火，逼逐真陽之氣，逆上乾宫交姤，復還坤位而止，猛烹極煆，結成至寶。故曰産在坤，種在乾。其中復有先天産藥之時，觀心吸神，握定不泄，皆助火侯之力。古僊往往秘而不言，此最上機關，人誰知之。行持之間，唯在存誠。野戰防危，法天象地，應化自然。故曰：但至誠法自然也。

盗天地，奪造化。攢五行，會八卦。

提挈天地，握定陰陽，攢簇五行，合會八卦，此神僊之學也。天地者，即乾坤也。造化者，即陰陽也。五行者，金木水火土也。八卦者，乾坤坎離震巽艮兑是也。且夫天地之大，造化之深，五行分布，八卦環列，以何術能盗之奪之、攢之會之？盗者，竊也。奪者，取也。攢者，簇也。會者，合也。此言丹家之法，妙在口傳。凡作丹真訣，只在些兒消息。待時至氣化，藥産神知，便當閉風關，塞艮户，斡天罡，旋斗柄，運符火之一息，簇三千六百之正炁，回七十二侯之要津，顛倒五行，會合八卦，總歸土釜，牢固封閉，須臾調燮火發，武鍊猛烹，結成聖胎。所以一刻工夫，奪一年之節候。《丹經》云：人心若與天心合，顛倒陰陽只片時。此即一呼一吸能奪造化。人一日有一萬三千五百呼，一萬三千五百吸。一呼一吸爲一息，則一息之間，潛奪天運一萬三千五百年之數。一年三百六十日四百六十八萬息，潛奪天運四百八十六萬年之數。於是換盡陰濁之軀，變成純陽之體，神化自在，聚則成形，散則成風，出有入無，隱顯莫測，豈不奇哉。

水真水，火真火。水火交，永不老。

水居北方，在卦爲坎，在身爲腎。火居南方，在卦爲離，在身爲心。水中藏火，火中藏水。人心中一點真液，乃真水也。腎中一點真陽，乃真火也。水火分於上下，何由而交之？必假戊己真土擒制逼逐，得其真火上昇，真水下降，同歸土釜。水火既濟，結成金丹，一炁純陽與天齊壽。故曰水火交，永不老也。

水能流，火能燄。在身中，自可驗。

水在上，故能流潤於下；火在下，故能炎燄於上，此天地水火昇降自然之理。人身作丹，運用之時，亦復如是。故曰：在身中自可驗也。

是性命，非神氣。水鄉鉛，只一味。

性即神也，命即氣也。性命混合，乃先天之體也；神氣運化，乃後天之用也，故曰：是性命非神氣也。脩鍊之士欲得其性靈命固，從下手之初，必是採水鄉之鉛。水鄉鉛者，坤因乾破而爲坎，坎水中而有乾金，金爲水母，母隱子胎，一點真陽居於此處，遇身中子時陽動之際，急急採之。紫陽所謂鉛遇癸生須急採，採時須以徘徊之。意引火逼金，正所謂火逼金行顛倒轉，自然鼎内大丹凝。只此一味，爲大道之根。雲房云：生我之門死我户，幾箇惺惺幾箇悟，夜來鐵漢細尋思，長生不死由人做。指此一味，直欲世人於此尋之，方是鍊丹之本。丹經云：好把真鉛著意尋，華池一味水中金。是也。

歸根竅，復命關。貫尾閭，通泥丸。

作丹妙用，要明玄關一竅一性正位，萬化歸根復命之道，必由三關而轉。故曰歸根竅，復命關也。當復命之時，飛神海底，存火燻蒸，精化爲氣，撥動頂門關捩，從尾閭徐徐提起，直上泥丸，交姤鍊氣，化爲神。神居泥丸爲本宫，則有萬神朝會。故曰貫尾閭，通泥丸也。火師汪真君奥旨云：夾脊三關透頂門，啣花騎鹿走如雲，捉花騎鹿踏雲去，霍地牛車前面迎。

《黄庭經》云：子欲不死脩崑崙。《還元篇》云：悟道顯然明廓落，閑閑端坐運天關。《道德經》云：歸根曰静，静曰復命。其説是已。

真橐籥，真鼎爐。無中有，有中無。

橐者，虚器也，鞴也。籥者，其管也，竅也。言人晝夜一呼一吸之氣，氣爲之風，如爐鞴之抽動，風生于管，爐火自炎，久久心息相依，丹田如常温暖，此吾身有真橐籥也。《道德經》云：天地之間，其猶橐籥乎，虚而不屈，動而愈出。是也。鼎者，乾也，性也。爐者，坤也，命也[四三]。既鼓動吾身之橐籥，必採藥物以入鼎。採藥之時，加武火之功，以性斡運於内，以命施化於外，片餉之間乾坤合一，神炁交會，結成還丹，以爲聖胎。故曰真鼎爐也。既得還丹成象，以文火温養，虚心以守其性，實腹以養其命，恍惚杳冥之中，無中生有，有中生無，此即静極復動，動極復静。故曰無中有，有中無也。

托黄婆，媒姹女。輕輕地，默默舉。

黄婆、姹女，皆强名也。黄婆者，坤土也，即戊己土也，又言意也。姹女，兑金也。兑爲少

[四三] 米晶子註：乾性坤命是也。

女，金隱水中。凡作丹必托黄婆爲媒，通姹女之情，以戊土藏火，火逼金行。當起火之初，受炁且柔，要當撥轉頂門關捩，從尾穴輕輕地默默而舉，須臾火力熾盛，河車不可暫停，運入南宫復還元位，嫁與金公而作老郎。崔公苦口叮嚀，以謂世人不達還丹之旨，故喻托以黄婆媒於姹女，直欲世人曉此理也。《悟真篇》云：姹女游行自有方，前行須短後須長，歸來却入黄婆舍，嫁箇金公作老郎。是也。

一日内，十二時。意所到，皆可爲。

意者，性之用，即真土也。一日之内十二時辰，有一年之節侯，自子時至辰巳六時屬陽，自午時至戌亥六時屬陰。一陽來復，身中子時也。一陰生姤，身中午時也。且夫水火間於南北，木金隔於東西，此四象何由而合，必假意以通消息。是以天地造化一刻可奪。一日之内十二時中，無晝無夜，念兹在兹，常惺惺地。動念以行火，息念以温養火。此所以意所到，皆可爲也。

飲刀圭，窺天巧。辨朔望，知昏曉。

飲者，宴也。刀者，水中金也。圭者，戊己真土也。言作丹採藥之時，必採水中之金，金不

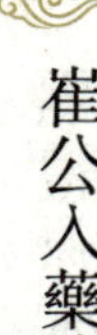

得自昇，必假戊土化火，逼逐金行，度上泥丸。金至此化爲真液，如瓊漿甘露，一滴落於黄庭，宴之味之，津液甘美。故曰飲刀圭也。窺者，觀也。言能觀天道運化之功，遂執天而行，旋吾身斗柄之機，一刻之間能奪天地造化。故曰窺天巧也。《陰符經》所謂觀天之道，執天之行，盡矣。純陽詩曰：縱横北斗心機巧，顛倒南辰膽氣雄。是也。辨朔望者，以一歲言之，冬至爲朔，夏至爲望；以一月言之，初一爲朔，十五日爲望；以一日言之，子時爲朔，午時爲望；以一時言之，初一刻爲朔，正四刻爲望；以六十四卦言之，復卦爲朔，姤卦爲望。以一身言之，尾穴爲朔，泥丸爲望；子宫進火爲朔，午位退符爲望。既明此理，又要知其曉昏。昏者，暮也。曉者，朝也。於卦有朝迍暮蒙之理，一卦六爻，顛倒用之，遂爲兩卦。朝迍一陽生於下，暮蒙一陰生於上，一陽一陰，一進一退，人身運化，與天地同也。達此理者，可以長生久視，與鐘吕并駕，同日而語矣。有何疑哉。

識浮沉，明主客。要聚會，莫間隔。

浮者，汞也。沉者，鉛也。離汞居上曰浮，坎鉛居下曰沉。脩丹之訣，沉者必使其昇，浮者可使其降。故曰識浮沉也。既識浮沉，須明主客。主者，命也。客者，性也。有身則有命，有命則有性。性依命立，命從性脩。是以命爲性之母，故爲主；性爲命之子，故爲客[四四]。日逐之間，借身爲用，僊師所謂讓他爲主我爲賓是也。既明主客，以鈆汞而同爐，主客而同室，綿綿若存，於二六時中，迴光返照，打成一片，道滿太虛。若夫時至氣化，機動籟鳴，火從臍下而發，水向頂中而生，其妙自有不期然而然者。孔子所謂：道也者，不可須臾離也，可離非道也。程子亦云：常心要在腔子裏。虛靖天師曰：神一出便收來，神返身中炁自回，如此朝朝與暮暮，自然赤子產靈胎。此所以要聚會，莫間隔也。

採藥時，調火功。受氣吉，防成凶。

採藥時者，乃身中一陽來復之時也。於斯時則當閉關。行火之功，妙在調燮停勻，從三關運轉，一舉三時，周流復位，萬氣凝真。當此之時，獨受於我神之暢快，喜慶難言。故曰，受炁吉也。行火退符之間，務在存誠一念，不可間斷。設或纖毫差失，遂成凶矣。密意防護，不可不謹，是用野戰防危。故曰防成凶也。《丹經》云：配合虎龍交姤處，此時如過小橋時。是也。或曰：性靜無爲，要坐便坐，要眠便眠，何必辨採藥調火。蓋不知有造化者耳，未足

四四　米晶子註：命爲性母，性爲命子，乃生鉛生汞也。

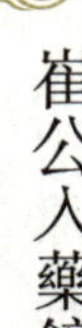

與議也。

火候足，莫傷丹。天地靈，造化慳。

鍊得黄芽滿鼎，白雪漫天，嬰兒成象，故火候足也。火候既足，只宜沐浴温養。若不知止足，妄意行火，反傷丹矣。丹成之後，天地混合，神炁自靈，僊師所謂虚室生白，神明自來，故曰天地靈也。當此之時，宜加寶愛，調息務在微細，於静定之中，内不出，外不入，形忘物忘，心同太虚，一炁純陽，故造化慳也。

初結胎，看本命。終脱胎，看四正。

祖劫天根，居混沌之中，乃爲結胎之所。下手之初，鍊精化爲炁，鍊氣化爲神，鍊神化爲虚，鍊虚合道，結爲聖胎。初結胎之時，常於命蔕守之。故曰初結胎，看本命也。十月胎圓，移神上居泥丸，調神出殼，直待功成行滿，上帝詔臨，打破虚空，真人上舉，駕紅雲，跨白鶴，東西南北無所往而不可。故曰終脱胎，看四正。《静中吟》云：一朝功滿人不知，四面皆成夜光闕。是也。

密密行，句句應。

此二句總結前八十句，言大道金丹，進火退符，奪造化之妙訣，行之一身，如空谷之應聲，陽燧之取火，方諸之取水，神通氣感，何其速之如是。故曰密密行，句句應。丹經云：視之不見聽不聞，及至呼時又却應。是也。

挂金索

一更端坐，下手調元炁。混沌無言，絕念存真意。呼吸綿綿，配合居中位。撥轉些兒，黍米藏天地。

二更清凈，心要常虛守。默默回光，照見無中有。趕退群魔，振地金獅吼。頃刻功成，便與天齊壽。

三更鷄叫，冬至陽初動。取坎填離，直向泥丸送。火運周天，爐内鉛投汞。九轉丹成，白雪飛僊洞。

四更安樂，萬事都無想。水滿華池，澆灌靈根長。静裏乾坤，僊樂頻頻響。道大冲虛，名挂黄金榜。

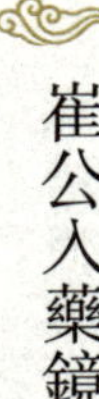

五更月落，漸覺東方曉。谷裏真人，已見分明了。玉户鸞驂，金頂龍蟠繞。打破虛空，萬道金光皎。

崔公入藥鏡註解終

入藥鏡

入藥鏡上篇四五

【三章之妙，歸於存神；俱録其辭，各賾其真。】

崔公曰：混沌之始，一氣生二儀，二儀生三才。三才者立，則五行備焉。共成八之數，祖宗在三田之内者，性是也。性者，元辰聚也。性樂乎動，故外隨境遷，一生一死，周而復始，其可資而生者，曰精、曰氣、曰神，謂之三業，聚而生者也。

夫根元者，丹田之氣海也。申夫男女精血，合而爲一氣，是氣者，元氣也。元氣不散，則守之之妙也。及其久也，清虚以生神光。神光盛者，長生之苗也。夫人衝衝然動者，皆是氣也，非神也。從一念真定者，神

四五　宋・曾慥編著。校對版本：《中華道藏・第二十三冊・道樞卷之三十七・入藥鏡》《正統道藏・太玄部・道樞卷之三十七・入藥鏡》。

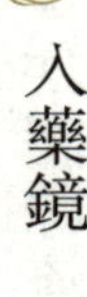

之自性也。審於是，斯能識氣，真念顯化通神矣。吾身豈與天地异哉！亦各得一氣而已爾。氣散則神去焉，氣止則神定焉。吾其全之於五輪，得之於五力歟！

何謂五輪？曰：吾之目也四六，其白睛屬乎肺，其黑睛屬乎腎，黑睛中之黄與其上下則屬乎脾，黄睛中之碧則屬乎肝膽，大角則屬乎心者也。

何謂五力？曰：神之用在乎目，而五藏連之，取下田之氣海，是根五力也，此其外也。内有五力，取金剛之性焉，在身五藏也，五行也；在色，五色也；在聲，五聲也；在天，五星也；在地，五嶽也。内明一行，守之則神，用在乎目，氣在乎鼻，定之之妙也。

火司南，其干丙丁，而爲吾之心焉；水司北，其干壬癸，而爲吾之腎焉。心者，上之性也，其要在乎覆下火，而上之性，火不可發，然火前不起，則水必泄也。腎者，水也，下丹田之用也。因全腎以守氣海，則根源成

四六　米晶子註：重思目者。大道全成于目。慎重！

矣。不守腎水，則不成矣。故水者，下流也，下流乃常人之用也。水者，精也，能上用之，則聖人謂之道矣。心者，神也；腎者，氣也。神定氣和則真人降焉。以吾心爲鏡，身爲之臺，以神爲藥，聚而爲足焉。東者，肝之神也，用之在乎目；西者，肺之氣也，用之在乎鼻。故東西者，神氣之和，會成於還源還舊樸也。神不足，氣不和，則真人不降矣。

吾神與氣必也瑩净内明。内明者，何也？二物相守乎神氣也。如是則神光日用，而莫知己之光也，是以心如鏡焉。其光攝物，物不能攝光鏡者，如目也，如心也。鏡之光非動也，是吾之目動乎物也。知此者，識藥鏡之理與物之互相攝矣。心火何以爲鏡歟？火者，明也；明者，定而内明也。内明則萬物明矣。心者，鏡之體也；明者，神之用也。日用守舊不離乎心地者，内明也，明則不昧矣。故在心，守舊者也。夫三毒、十惡、八邪，皆起於心。日目、日耳、日鼻，謂之六通，神常從之。夫能日用而守舊，晝夜不遷，其名日定寂。日用者，神守氣聚而不散也。神能通應，則意之所至必成焉，神定則晝夜周矣。故神住則氣住，氣住則神住，神住則形在。夫五行者，本無生滅。其滅則自吾之神氣失也。五行者，何謂也？五藏之真義也。心之神、肝之魂、肺之魄、脾之意、腎之志，聚而爲丹之用者也。人之神在性。性者，火也；火者，散數也。本元一斤，四年散一兩，四十年而亡十兩，則六十有四年而盡矣。孰能聚而不散乎？此吾之真道也。

夫一切之物皆爲氣動，而神未嘗動也，氣散而神未嘗散也，氣去而神未嘗去也。生死者，氣也，神未嘗生死也。夫能外睹乎物，而内心不移，斯法門之内應，神之妙用者也。必知夫實相者，在不用之間，不去不來，湛乎定慧，同天地太虚之渾渾焉，心神定明矣，元氣定固矣，形精長生矣。斯三田之藥靈也。

何謂三田？上曰腦，中曰心，下曰氣海臍下，其名三奇。三奇者，精、氣、神也。三者全矣，歸乎下丹田，則骨髓實滿。此造化之功也。意解身達，則真僊之道也。然見物而喜捨者，心也。氣者，元氣也。因和而得之，因悦而散之。故散則出自門，聚則入自門。神在目，氣在鼻。是以目者，金剛之門户也；金剛者，真性也；氣者，因形者也，神定則氣住矣。神見物而動，見物而心不移者，内定也。金者，萬物不能損，可以集氣而固形者也。夫吾有喜捨則神散，而八邪入矣。故心妄起二，吾不可以虚起焉，虚起則不寧而失之矣。神也、氣也、精也更相爲體者也。

何以言之？精者，至生之物而無形焉。籍氣而爲形，在身而爲氣，過乎尾閭而爲精。精能定於自然，則形何自而衰耶！故曰：精者人之命也。彼能無漏者，是補乎天年之壽而已爾。如其用造化之理，則真精存矣，真形固矣，真神定矣。此長生之道也。

今之人，以心定其精，而不能定其神[四七]，以謂水滿而溢，氣滿而動矣。世亦知神氣定而爲鼎乎？神從氣、氣從神，神能守氣，則氣能生神矣。二

四七 米晶子註：定者神，慧者氣。

者相守，聚而成形，是所謂鼎也。故脩丹者，取自本元，合而成形，還入於元宮，久而胎成，化而成神，其名曰蜕僊。命也者，繫乎玉衡，在乎玉洞之間，下田有玉泉焉，真氣聚而爲精也。真精之氣，出則爲人，不出則地根不漏，煉之斯名玉僊，於是下元不漏矣。宜知所以運用焉，逆流於雙關之道。雙關者，夾脊之二路也。運氣朝於上宫。上宫者，腦也。入於華池，煉之成霜，達於碧海。碧海者，丹田也。以興真火，鍛之斯爲玄珠之胎焉。然則，玄珠者，元宫之真氣，聚而爲精，精復爲形，玄珠久煉則還童矣。此黄河逆流之道，非常道也四八。丹田有寶，則外之事内先應焉，後之事前先知焉，於是上下通靈矣。心者，印也。心不和，則印不移。心與印者，根也。印者，塵也。絶其塵，則證真空之僊矣；心可除而不滅，則證數空之僊矣；心與印不用，則證空寂之僊矣。心不用印，印不用心，心印解滅於諸塵。凡聖無二，如前

四八　米晶子註：印者精也，形即精也。

之心法印不離乎心，二者相持，用若造化，則證陽真矣。此煉丹留形者也。印者，何也？精也。印定精生矣，印絶精盡矣。故印從心起，心復生於印。常人用心而不用乎印者也，聖人用印而不用乎心者也。不用心印，則心妄散矣。散者，氣亂神去而精散者也。及其心印定而精生，則神清氣爽，肌膚華潤，目有神光，無夢寐、無謇妄、無驚悸、無恍惚，皆精定而生者也。此道也，從心返印，造精之象也四九。

夫能固精爲命基，則精之中産氣以生神，於是成胎而化真形矣。精者，何也？神也。神定則生精，精極則生神，互相呑而成乎一者也。聚則生，散則死。神者，何也。氣也，亦互相呑者也。神動氣應，氣動神返，二者相乘，斯化形爲純陽者歟！然則人之相象，隨精所化者也。精守氣，氣守神，神守精，此長生之道也。

身心不貪，萬物不能繫，況與之有争乎！其名曰退身。萬物不能掛於心，

四九　米晶子註：再三了解，此章内含真理。

持此日用，其名曰藏神。於是取三元之藥靈而下火焉。何以採藥歟？神也、氣也、精也，相守而和合焉。一念而得，三物何歸乎？其歸根靜者耶！神光何歸乎？聖人則以歸丹，常人則以歸空者也。歸丹者，歸心入意自靜，其元神見物而不動，惟以內定。然吾神之舍有壞奈何？崔公曰：於是有大藥之法焉。惟於丹田聚三氣以成形，造化産神，心性逍遙自安矣。此何道也？駕河車朝玉闕，投金精者也。河車者，北方之正氣也；金精者，腎堂也。飲食入於胃，其滓入於大腸，其水入於小腸，其氣主於丹田，透於腦關，以時有象於真中，隱約以灌乎腦中，穿十有二徑，以至丹田。此返本還元命之基也。於是開發關乎日月之道，何也？要會四事，而後搖天柱，定其息氣，而用轆轤轉其氣以運之。此還童者也。方其自玉關而上朝，以入於腦，通乎上腭，達乎鼻門，而墜於舌之上，其甘醍醐。譬夫嬰兒之食乳，猶能至於盛大，而況吾之乳，惡有不長生也哉！

亥子丑之時，可以行火者也。亥者，十月，坤之卦也；坤者，孕母之坤也。老陰能及乎陽，故曰：萬物負陰而抱陽者也。至子而爲之，則復之卦也。純陰之極，而返生陽者也。此十有一月之候，從其下，一陽生者也。吾於子之時行火，謂之陽生。自陰向陽，是爲半氣交於腎宫者也。丑者，臨之卦，從其下，二陽生者也。寅者，泰之卦，三陽既生，承之以行功，其可也。

火者，無形也，憑氣而爲之。其光有神，神假乎性，性能變化，故神者火也。不能自見，如火在木，鑽之乃然矣。鑽之法，何也？瞑目端坐，定息澄心，於是神定氣和，其心至則火發矣。真火者，可以煉丹，非理勿行焉。

巳午未之時，可以行水者也。巳者四月，乾之卦，陽極而陰生者也；午者五月，姤之卦，一陰生者也；未者六月，遁之卦，二陰生者也；申者七月，否之卦，三陰生者也。三卦者，可以行水者矣。應期而行，則水自其心而出，何也？心者，根也。能清静不動，息止而神定，則水亦自腎堂生焉。上朝入於腦腭之二竅，下入於口，其味甘。以心之水上朝於舌，以舌左右攪之華池，其數各十有八；含口漱烹者，其數三百有六十，或不以多寡，直身正立分爲三，用力以咽焉。故飲氣咽之，以神送之，至於丹田左右內，沐浴溉灌，於是靈源生苗，然後可行大功焉。凡行水者，以十二之數，每分爲咽者三十有六。六六者，是爲三十有六水之數也。

寅申卯酉之時，可以存神者也。其道何也？常守其舊，一念不移，存氣伏精，守神定息，應物而行，勿逐於外境者也。吾取象日月時焉，然取年行不如月行矣，取月行不如日行矣，取日行不如時行矣。時可以奪日之功，日可以奪月之功，月可以奪年之功。吾行之之時，斯有真人相助焉。內外功行，相濟千日，無虧成真人矣。真人者，位法混成小果之儸者歟！

夫不明煉丹之法，而惟作寂守舊，而或陽狂，雖習成定，然身死神去，斯爲鬼而已爾。神通主，客不敢爲主，唯爲客；不敢進，唯求退。其日用也，與物無争，如在愛物之中，神常存爲客，而守其根基。夫見物愛以神用爲主，而繫於物，於是目也、耳也、鼻也、舌也於其中而起六情，則失其真矣。故脩真者，常以神守丹田與命之根基。此無他焉，神和則守氣，氣於是守精，精於是守一，不敢爲主矣。此乃内外神定，斯無起滅者也。夫人因精而得神，神因念而得命，故命者在於精而已。精者，至真也，生之物也，有名而無形者也。天地萬物，皆是精之所生，而積之以爲命，其來從乎恍惚焉。

崔公曰：天地生八卦，八卦生乎十干。故甲生乾，乙生坤，丙生艮，丁生兑，庚生震，辛生巽，壬生離，癸生坎，而戊己爲之配合，中宫者也。天有三奇焉，日也，月也，星也；地有三奇焉，乙也，丙也，丁也；人有三奇焉，精也，氣也，神也。天之璇璣，地之黄河，人之榮衛，此三奇之志也。夫吾之三奇不出於身，禀天地而運轉，則與天地齊矣。水也、火也、金也、木也，四時長存者也。夫能稟此理，則壽可以無窮矣。何也？東方，甲乙也。甲爲乾，乙爲坤，其夫婦也。南方，丙丁也。丙爲艮，丁爲兑，其夫婦也。西方，庚辛也。庚爲震，辛爲巽，其夫婦也。北方，壬癸也。壬爲離，癸爲坎，其夫婦也。將震以配乎肝，兑以配乎肺，離以配乎心，坎以配乎腎，坤以配乎脾。夫稟四時以入藥於丹田，此所以與天地等久者歟！

人之神如薪之火乎五〇？其中藏火，火不出則薪長存，神不出則身長存矣。故火發外明者，薪之盡也；神智出者，樸之散也。神光不散，神應物而不出，斯固蒂而全真矣。精者，至真也。精與神氣相戀，則可以固其形焉。使神以養其內，用氣以養其外，托精玄中以爲冲和，斯長生者也。神光者，氣中之藏也。精爲光，神爲慧，氣爲鼎，是所謂三寶者歟！神勿離於身，精勿離於神，氣裹三寶，斯合於三才者矣。

五〇 米晶子註：人之神如薪。精爲光，神爲慧。

廣成子曰：精生於氣海之間，如火之在木者也。吾之玉泉者，猶璇璣黄河者也。坤之卦、斗之時者，亥也。至子而變乎？復之卦，上土下木。木者，五行中之東方也。廉貞星者，應乎五行則爲火者也。水中之火，即水爲形[五一]，而火無形者也。玉泉之流上行，即所謂水中之火也。象坤之爲復，一陽生也。此則十月順行，至於十有一月者，自然也。凡子之時亦如之。子行九刻，發關上流，玉泉下來，用金液煉形者也。五行入於藥，則所謂火也、金也、木也，合卦而行者也。精神合象，常不離於氣海，精從其神，投氣海之中，於是成鼎矣。神氣者閉服之，則氣長生矣。氣馳精而上行，至妙者也。神應氣逐，謂之火焉；精應氣隨，謂之水焉。吾之入藥也，天門之氣不出，綿綿若存，故氣不出身，精神自轉，如天之火、地之水，水之下是火，火之下是氣。此五行之自然也。上之七竅者，七政也；下之二竅者，輔星也。此可以象天地之運用者也。

五一　米晶子註：真意謂炁也，水爲形者。

崑崙者，頂也；天柱者，夾脊二十有四節也。左右以首轉之運之，則百脉通流矣。發兩關者，舉左右手也。舉起折身，若復稱之則竅通，流入於上宮。上宮者，腦也。行道者，任其性，閉即閉，寐即寐，行即行，而性不可有繫焉。常守丹田之神，其能守，如不守，斯真造化者也。

乾六，大腸也；坎一，腎也；艮八，膀胱也；震三，肝也；巽四，膽也；離九，心也；坤二，小腸也；兌七，肺脾也；土者，中宮之火也[五二]，水之中金生者也。木生金中，水生火中，惟土合四時之季，而在中宮者也。

入藥鏡中篇

至游子曰：吾得崔公之書三焉，皆言元氣者，鉛汞也。煉之九轉，斯成僊矣。

[五二] 米晶子註：重看多思，土者中宮之火也。

其一曰採藥者，何也？龍虎交騰，日月以飛焉。九曲者，真元之祖，可以別二儀者也。九曲者，何也？小腸是也。二儀者，日月也，真汞鉛也五三，大藥之源在其中矣。

其二曰木汞金鉛者，何也？二八之元，日月之精，自一水而生者也。吾於二八之門抽添勿差焉，則藥海明真降日華矣。於是煉之千日，可以成金玉之形焉。

其三曰至藥抽添者，何也？吾於日月二弦，而抽添焉。以赤龍火車於二時煉之，於是巽風生而星辰列矣。此二時者也。火車者，陽之象。

其四曰龍虎鉛汞者，何也？龍抽其汞，虎添其鉛，浮沉於鼎之中，二物全矣。於是配以坎戊，合以離己。吾嘗識陰陽升降之二時以興功，而不失乎銖兩，始可以成大藥矣。

其五曰海底求陽烏者，何也？方其振羽於海底及其奔冲，則勿使火神飛

五三　米晶子摘：元氣者鉛汞也，日月者真汞鉛也。

焉。蓋火雜入於丹闕則息火，至乎沐浴之日則可以用陽火，採取金砂八兩，是謂真陽焉。此還丹之樞會也。於是碧浪金波，灌乎坎男矣。

其六曰符星入元宮者，何也？符星轉而入於元胎之宮，以制鉛霜之紅，斯金丹返天符還真之氣者也。於鼎之中，自然成銀液，其狀芙蓉焉。

其七曰火得純陽者，何也？純陽者，乾也。金丹至於七返，則陽氣過於六，而逢庚之氣制之，於是秋石爲琅玕矣。鉛霜結返丹矣。合和有道，則有九轉冲和之氣見焉。

其八曰陰陽拘制者，何也？拘制有玄關焉。火至於南方則不煉矣。於坤之鼎，陽爲陰所制，其鉛斯爲白雪，其狀桃華，煉之至於九九，則鉛汞鎮於丹田，可以勝寒暑矣。此鐵牛之鍾金錢者也。

其九曰奔騰瑞氣者，何也？其氣鎮於坤宮，霓車從風而逆轉，於是得日月之根，黄芽就而成玉，所謂金丹陽質而換胎者也。大道玄基以火頻煉焉，斯入於僊矣。

其十日虎踞龍跧者，何也？其逐斗之魑焉。乾坤定位而至於下弦，則鼎之中生氣加矣。姹女、嬰兒，其服絳綃。此金丹之子母相成，陰陽結而不散者也。服之千日返童顏矣。

其十一日九氣冲全者，何也？冲全則百倍矣。霞光射於神爐，黄婆之心定，而男女浴於絳珠，此其九轉而成玄珠。服之一圓，其壽千齡；再服再煉，斯可長生久視矣。

其十二日玉帝新封劇位者，何也？煉之以成坎離，神光自然出入，隱顯分明，陽神日壯，陰邪日消，於是長生矣。此玉帝封乎太一之君者也。

其十三日九年丹竈者，何也？九年得乎天機，萬里奔騰而不迷，煉之千日，斯羽化者也。

其十四日滅沒者，何也？吾之興功遇乎日月二弦，有損無益者也。脩煉者於是滅沒歟！故曰陰陽停澤二弦乎矣。二沒相交，滅沒并矣。至此則會聚而煉之，而後成真焉。

其十五日採藥者，何也？收金採玉藉乎天，元陽火交加以煉之，於是銖兩之數足，則龍行雨過，而入於崑源矣。陰真君曰：採有日，取有時者也。

其十六日刀圭者，何也？日月之精也，真氣也。陰陽之二，土主生萬物五四，是爲刀圭隱於脾之鼎，遇二氣分而成變化矣。其後純陽子呂洞賓嘗聞之於崔公而嘆曰：吾知脩行有據，性命無差，道成其中矣。於是純陽子復爲之演繹焉五五。

純陽子曰：昔黃帝周游四方，至青城之山，見岐伯、廣成子、黃谷子，遂明大道。於是究百刻之法，金鉛玉汞採三元而下火以烹之，於百刻之中而爲造化，惟收胎兔自然成矣。蓋以百刻者，定其息一刻。

入藥鏡終

五四　米晶子摘：陰陽者二土也。
五五　米晶子註：以上重復多看，着意思之，用神領會。

金華宗旨五六

孚佑帝君太乙金華宗旨自序

易大傳曰神無方也無體也言神無方體則名言之而難盡矣往來不窮利用出入日用之而不知與天地合其德與日月合其明與鬼神同其變化至矣哉盛德大業言之不可終窮擬議之而無可形似靈文祕笈俱歸塵腐予之定是宗旨不落名言無從擬議其所以斡旋天地轉運陰陽者在握其寸機而已得其機則妙用在我而乾坤皆範圍之而不過矣機者何一而已一不可名歸之太虛而浩浩落落一片神行其間變化無端妙用不測吾何以名之曰太乙噫至矣盡矣宇菴屠子輩編輯宗旨成書各授弟子爲之闡發大意而著之簡端是爲序

五六　吕洞賓著。校對版本：《道藏輯要·室集二·金華宗旨》。

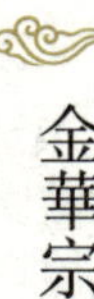

譚長真真人原序

譚長真真人云聖真無日不在世度人究竟何曾度得一人亦世人能自度耳若世人與聖真性量有增減分毫便是度不去聖祖初發願度生已度盡百千萬億劫無量衆生度此七人非七人也即七如來毘盧遮那無量法身也諸子不離凡夫地何以即與古佛同尊子輩原無信不及所以聖祖當下即度得去若有一毫信不及千生難免輪迴也自古聖賢千言萬語無非要人識得此性光通天徹地古今聖凡一齊透過無少等待無不完成所謂盡性者盡此至命者至此採藥者採此脩證者脩證此而已此宗旨所以爲萬法歸宗至尊法旨任爾爲僊佛爲人天爲山河爲六道爲鬼怪爲昆蟲草木無不承受法旨皈命大宗苟有萬分信得及者不離當下即與度去有一毫信不及饒他千生萬劫永墮迷途向立嚴誓七人外不得妄傳豈聖祖普度之公心只慮世人障蔽甚深罪業煩重不能開發信心而反生疑謗是益其罪也究竟聖祖度世之宏願與學人謹凜之畏心原無二無别知此不獨仰體祖訓先聖後聖殊途而一致矣

張三丰真人原序

張三丰祖師云道也者時焉而已日月往來寒暑遷變草木生長禽鳥飛鳴以及吾人日用動静莫非運用一時之中變化無端時至自見斯爲天地之心不可以一名而況於他乎我來也晚陽窮於上剥换盡矣茲當一陽初復倏然而來莫窮其迹莫究其因大地陽和已無不潛行而默運以爲此天地之轉運也而天地不得而自主以爲此日月之進退也而日月亦聽其自然風雲變易乎上草木萌動於下大矣哉時之爲用也是故言道者不離目前即一言一動一事一物無不可以見天地之心蓋此天地之心任陰陽剥換時令推遷而無思無爲終古寂然不動今人舍目前而談玄説妙則違乎時也違時即與道背馳何時而有見道之日乎天下之動貞於一動變不居何可言盡觀乎時而萬變皆在目前矣從目前一一消歸於太虚謂之見天地之心可謂之大道之宗旨可時也化也要不離乎目前而得之矣何道之可名何太乙之可言乎故曰道也者時焉而已

王天君原序

王天君云善承受法旨護持道教千百年於此矣不惟派下賢嗣潛修默證呼吸感通即愚夫愚婦有能發一念向道真切者無不敬禮而左右維持之此固發願之初心如是亦一體感召虛空上下自無隔礙本來如是列祖諸真法身徧滿大千心心相印法法歸宗往古來今超凡入聖者不離自本自根當下一齊正覺何果何因何脩何證善也披誠宣力追隨恐後亦如風霆雷露隨時應化於覆載之中栽培傾覆一任萬類之各正性命而已而造物者無心也自七賢之敬受宗旨斯地遂爲選佛道場十方三世一時會集百靈呵護日月開明有情無情盡成法侶上天下地悉與證盟道祖設教以來真未有若此廣大悉備易簡直截如宗旨之盡洩玄機者是日受命鑒證盟誓善敬辭曰無庸有此證也以七人得遇聖真傳示無上妙道即傭夫嫠媪牧豎樵童疇非聽法之上器甚至魔神蛟黨龍蛇異類亦無不在此證盟之内七人何藉于余余又何必爲七人證吕祖再三申命曰天不愛道傳示七人將由此七人化度無量有誹謗法門詆毀賢聖惟爾護法呵譴而

默相之法子有不敬慎凛遵戒律或輕授匪人爾護法亦嚴加譴罰善同七人跪而受命

嗚乎列祖普度慈悲原無分上下其奈世人積業如山無自仰承法雨七人果能體此化度慈心隨地隨時多方接引無負自度度人之宏願則盡法界衆生皆投誠歸命亦何待雷露風霆惟是廣生大生以各正性命於兩間可耳

金華宗旨

天心第一

吕祖曰自然曰道道無名相一性而已一元神而已性命不可見寄之天光天光不可見寄之兩目古來僊真皆口口相傳傳一得一自太上化現東華遞傳巖以及南北兩宗全真可爲極盛盛者盛其從衆衰者衰於心傳以至今日泛濫極矣凌替極矣極則返故昔日有許祖垂慈普度特立教外别傳之旨聞者千劫難逢受者一時法會皆當仰體許祖苦心先於人倫日用間立定脚根方可脩真悟性我奉勅爲度師今以太乙金華宗旨發明然後細爲開説太乙者無上之謂丹訣

甚多總假有爲而臻無爲非一超直入之旨我傳宗旨直提性功不落第二法門所以爲妙金華即光也光是何色取象於金華亦祕一光字在内是天僊五七太乙之真炁水鄉鉛只一味者此也回光之功全用逆法註想天心天心居日月中黄庭經云寸田尺宅可治生尺宅面也面上寸田非天心而何五八方寸中具有欝羅蕭臺之勝玉京丹闕之奇乃至虚至靈之神所住儒曰虚中釋曰靈臺道曰祖土曰黄庭曰玄關曰先天竅蓋天心猶宅舍一般光乃主人翁也故一回光則周身之氣皆上朝如盛王定都立極執玉帛於萬國又如主人精明奴婢自然俸命各司其事五九諸子只去回光便是無上妙諦光易動而難定回之既久此光凝結即是自然法身而凝神於九霄之上矣心印經所謂默朝飛昇者此也金華即金丹神明變化各師於心此中妙訣雖不差毫米然而甚活全要聰明又須沉靜非極聰明人行不得非極沉靜人守不得六〇

五七　米晶子註：秘者，光之所居之地。另，米晶子抄本『天僊』作『先天』。
五八　米晶子抄本。
五九　米晶子抄本。
六〇　米晶子抄本。

元神識神第二

呂帝曰天地視人如蜉蝣大道視天地亦泡影惟元神真性則超元會而上之其精氣則隨天地而敗壞矣然有元神在即無極也生天生地皆由此矣學人但能守護元神則超生在陰陽外不在三界之中此見性方可所謂本來面目是也

凡人投胎時元神居方寸而識神居下心下面血肉心形如大桃有肺以覆翼之肝佐之大小腸承之假如一日不食心上便不大自在以自聞警而跳聞怒則悶見死亡則悲見美色則眩頭上天心又何嘗微微乎動也問天心不能動乎方寸中之真意如何能動到動時便不妙然亦最妙凡人死時方動此爲不妙六一

最妙者光已凝結爲法身漸漸靈通欲動矣此千古不傳之秘也

下識心如强兵悍將欺天君告弱便遙執紀綱久之太阿倒置矣今凝守元宮回光返照如英明之主在上二目回光如左右大臣輔弼內政既肅自然强悍擂服矣

六一　米晶子抄本。

丹道以精水神火意土三者爲無上之訣精水云何乃先天真一之炁神火即光也意土即中宫天心也以神火爲用意土爲體精水爲基凡人以意生身身不止七尺者爲身也蓋身中有魄焉魄附識而用識依魄而生魄陰也識之體也識不斷則生生世世魄之變形易質無己也惟有魂神之所藏也魂晝寓於目夜舍於肝寓目而視舍肝而夢夢者神游也九天九地刹那歷遍覺則冥冥焉淵淵焉拘於形也即拘於魄也六二　故回光所以煉魂即所以保神即所以制魄即所以斷識古人出世法煉盡陰滓以返純乾不過消魄全魂耳回光者消陰制魄之訣也虽無返乾之功止有回光之訣光即乾也回之即返之也只守此法自然精水充足神火發生意土凝定而聖胎可結矣蜣螂轉丸而丸中生白神註之純功也糞丸中尚可生胎離殻而吾天心休息處註神於此安得不生身乎

一靈真性既落乾宫便分魂魄魂在天心陽也輕清之氣也此自太虛得來與元始同形魄陰也沈濁之炁也附于有形之凡心魂好生魄望死一切好色動氣皆

六二　米晶子註：形即魄也。

魄之所爲即識也死後享血食活則大苦陰返陰也物以類聚也學人煉盡陰魄即爲純陽

回光守中第三

呂祖曰回光之名何昉乎昉之自文始真人也即關尹子光回則天地陰陽之氣無不凝所謂精思者此也純氣者此也純想者此也初行此訣乃有中似無久之功成身外有身乃無中似有百日專功光纔真方爲神火百日後光自然一點真陽忽生虛珠如夫婦交合有胎便當靜以待之光之回即火候也

夫元化之中有陽光爲主宰有形者爲日在人爲目走漏神識莫此甚順也故金華之道全用逆法回光者非回一身之精華直回造化之真氣非止一時之妄念直空千劫之輪迴故一息當一年人間時刻也一息當百年九途長夜也凡人自囫戶臥切音和地一聲之後逐境順生至老未嘗逆視陽氣衰灭便是九幽之界故楞嚴經云純想即飛純情即墮學人想少情多沈淪下道惟諦觀息靜便成正覺用逆法也陰符經云機在目黃帝素問云人身精華皆上註於空竅是也得此一

節長生者在茲超生者亦在茲矣此貫徹三教工夫也

光不在身中亦不在身外山河大地日月照臨無非此光故不獨在身中聰明智慧一切運轉亦無非此光所以亦不在身外天地之光華布滿大千一身之光華亦自漫天蓋地所以一回光天地山河一切皆回矣人之精華上註於目此人身之大關鍵也子輩思之一日不靜坐此光流轉何所底止若一刻能靜坐萬劫千生從此了徹萬法歸於靜真不可思議此妙諦也然工夫下手由淺入深由粗入細總以不間斷爲妙工夫始終則一但其間冷暖自知要歸於天空海濶萬法如如方爲得手聖聖相傳不離反照孔曰致知釋號觀心老云内觀皆已括進要旨其餘入靜出靜前後以小止觀書印證可也

皆此法也但返照二字人人能言不能得手未識二字之義耳返者自知覺之心返乎形神未兆之初即吾六尺之中反求個天地未生之體今人但一二時中間靜坐反顧己私便云反照安得到頭佛道二祖

教人看鼻尖者非謂着念於鼻端也亦非謂眼觀鼻端念又註中黃[六三]也眼之所至心亦至焉何能一上而一下也又何能忽上而忽下也此皆誤指而爲月畢竟如何曰鼻端二字最妙只是借鼻以爲眼之準則初不在鼻上蓋以大開眼則視遠而不見鼻矣太閉眼則眼合亦不見鼻矣大開失之外走易於散亂太閉失於内馳易於昏沉惟垂簾得中恰好望見鼻端故取以爲準只是垂簾恰好任彼回光自然透入不勞你註射與不註射看鼻端只是最初入靜處舉眼一視定個準則便放下如泥水匠人用線一般彼自起手一挂便依了做上去不只管把線看也止觀是佛法原不秘的以兩目諦觀鼻端正身安坐系心緣中（道言中黃佛言緣中）其實一也不必言頭中但於兩ꝏ中間齊平處系念便了[六四]光是活潑潑的東西系念於兩ꝏ中間光自然透入不必着意於中宮也[六五]

緣中二字妙極中無不在遍大千皆在裏許聊指造化之機緣此入門耳緣者緣此爲端倪非有定著也此二字之義活甚妙甚

止觀二字原離不得即定慧也以後凡念起時不要仍舊兀坐當究此念在何處

六三　米晶子註：中黃者，緣中也，即天心也。

六四　米晶子註：兩中間齊平處繫念便了。

六五　米晶子抄本。

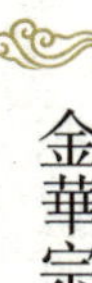

從何起從何滅反覆推窮了不可得即見此念起處也不要又討過起處覓心了不可得吾與汝安心竟此是正觀反此者名爲邪觀如是不可得已即仍舊綿綿去止而繼之以觀觀而繼之以止是定慧雙脩此爲回光回者止也光者觀也止而不觀名爲有回而無光觀而不止名爲有光而無回誌之

回光調息第四

吕帝曰宗旨只要純心行去不求驗而驗自至大約初機病痛昏沈散亂二種盡之却此有機竅無過寄心於息息者自心也自心爲息心一動而即有氣氣本心之化也吾人念至速霎頃一妄念即一呼吸應之故内呼吸與外呼吸如聲響之相隨一日有幾萬息即有幾萬妄念神明漏盡如木槁灰死矣然則欲無念乎不能無念也欲無息乎不能無息也莫若即其病而爲藥則心息相依是已故回光必兼之調息此法全用耳光一是目光一是耳光目光者外日月交光也耳光者内日月交精也然精即光之凝定處同出而異名也故聰明總一靈光而已坐時用目垂簾後定箇準則便放下然竟放又恐不能即存心於聽息息之出入不可

使耳聞聽惟聽其無聲一有聲即粗浮而不入細即耐心輕輕微微些愈放愈微愈微愈靜久之忽然微者遽斷此則真息現前而心體可識矣蓋心細則息細心一則動氣也息細則心細氣一則動心也定心必先之以養氣者亦以心無處入手故緣氣爲之端倪所謂純氣之守也

子輩不明動字動者以線索牽動言即制字之别名也既可以奔趨使之動獨不可以純靜使之寧乎此大聖人視心氣之交而善立方便以惠後人也丹書云鷄能抱卵心常聽此要妙訣也蓋鷄之所以能生卵者以暖氣也暖氣止能温其殼不能入其中則以心引氣入其聽也一心註焉心入則氣入得暖氣而生矣故母鷄雖有時出外而常作側耳勢其神之所註未嘗少間也神之所註未嘗少間即暖氣亦晝夜無間而神活矣神活者由其心之先死也人能死心元神即活死心非枯槁之謂乃專一不分之謂也佛云置心一處無事不辦心易走即以氣純之氣易粗即以心細之如此而心焉有不定者乎

大約昏沉散亂二病只要靜功日日無間自有大休息處若不靜坐時雖有散亂

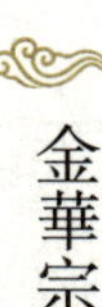

亦不自知既知散亂即是卻亂之機也昏沉而不知與昏沉而知相去奚啻千里不知之昏沉真昏沉也知之昏沉非全昏沉也清明在是矣

散亂者神馳也昏沉者神未清也散亂易治昏沉難醫譬之病焉有痛有癢者藥之可也昏沉則麻木不仁之症也散者可以收之亂者可以整之若昏沉則蠢蠢焉冥冥焉散亂尚有方所至昏沉全是魄用事也散亂尚有魂六六在至昏沉則純陰爲主矣靜坐時欲睡去便是昏沉卻昏沉只在調息息即口鼻出入之息雖非真息而真息之出入亦於此寄焉凡坐須要靜心純氣心何以靜用在息上息之出入惟心自知不可使耳聞不聞則細細則清聞則氣粗粗則濁濁則昏沉而欲睡自然之理也雖然心用在息上又要善會用亦是不用之用只要微微照聽可耳此句有微義何謂照即眼光自照六七目惟內視而不外視不外視而惺然者即內

六六　道藏本爲『魄』，按米晶子抄本改爲『魂』。

六七　米晶子註：以眼觀眼。

視也非實有内視何爲聽即耳光自聽耳惟内聽[六八]而不外聽不外聽而惺然者即内聽也非實有内聽聽者聽其無聲視者視其無形目不外視耳不外聽則閉而欲内馳惟内視内聽則既不外走既不外走又不内馳而中不昏沉矣此即日月交精交光也

昏沉欲睡即起散步神清再坐清晨有暇坐一炷香爲妙過午人事多擾易落昏沉然亦不必限定一炷香只要諸緣放下静坐片時久久便有入頭不落昏沉矣

回光差謬第五

吕祖曰諸子工夫漸漸純熟然枯木岩前錯落多正要細細開示此中消息身到方知吾今則可以言矣吾宗與禪宗不同有一步一步徵驗請先言其差别處然後再言徵驗宗旨將行之際預作方便勿多用心放教活潑潑地令氣和心適然後入静静時正要得機得竅不可坐在無事中裏所謂無記空也萬緣放下之中惺惺自若也又不可以意興承當凡太認真即易有此非言不宜認真但真消息在若存若亡之間以有意

六八　米晶子註：以耳聽耳。

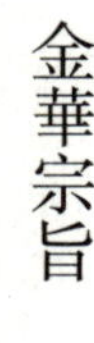

無意得之可也惺惺不昧之中放下自若也又不可墮于蘊界所謂蘊界者乃五陰魔用事如一般入定而槁木死灰之意多大地陽春之意少此則落陰界其氣冷其息沉且有許多寒衰景象久之便墮木石又不可隨于萬緣如一入靜而無端衆緒忽至欲卻之不能隨之反覺順適此名主爲奴役久之落于色欲界

上者生天下者生狸奴中若狐仙是也彼在明山中亦自受用風月花果琪樹瑤草三五百年受用去多至數千歲然報盡還生諸趣中此數者皆差路也六九

差路既知然後可求證驗

回光證驗第六

呂祖曰證驗亦多不可以小根小器承當必思度盡衆生不可以輕心慢心承當必須請事斯語靜中綿綿無間神情悅豫如醉如浴此爲遍體陽和金華乍吐也既而萬籟俱寂皓月中天覺大地俱是光明境界此爲心體開明金華正放也既而遍體充實不畏風霜人當之興味索然者我遇之精神更旺黃金起屋白玉爲

六九　米晶子抄本。

臺世間腐朽之物我以真氣呵之立生紅血爲乳七尺肉團無非金寶此則金華大凝也第一段是應觀經云日落大水行樹法象日落者從混沌立基無極也上善若水清而無瑕此即太極主宰出震之帝也震爲木故以行樹象焉七重行樹七竅光明也西北[七〇]乾方移一位爲坎日落大水乾坎之象也坎爲子方冬至雷在地中隱隱隆隆至震而陽方出地上矣行樹之象也餘可類推矣第二段即肇基于此大地爲氷琉璃寶地光明漸漸凝矣所以有蓬臺而繼之有佛也金性既現非佛而何佛者大覺金僊也此大段證驗耳

現在證驗可考有三一則坐去神入谷中聞人説話如隔里許一一明了而聲入皆如谷中答響未嘗不聞我未嘗一聞此爲神在谷中隨時可以自驗一則静中目光騰騰滿前皆白如在雲中開眼覓身無從覓視此爲虛室生白内外通明吉祥止止也一則静中肉身絪縕如綿如玉坐中若留不住而騰騰上浮此爲神歸頂天久之上昇可以立待此三者皆現在可驗者也然亦是説不盡的隨人根器

七〇　道藏本爲『西方乾方』，按米晶子抄本改爲『西北乾方』。

各現殊勝如止觀中所云善根發相是也此事如人飲水冷暖自知須自己信得過方真先天一炁即在現前證驗中自討一炁若得丹亦立成此一粒真黍珠也一粒復一粒從微而至著有時時之先天一粒是也有統體之先天一粒乃至無量是也一粒有一粒力量此要自家膽大爲第一義

回光活法第七

呂祖曰回光循循然行去不要廢弃正業古人云事來要應過物來要識破子以正念治事即光不爲物轉光即自回此時時無相之回光也尚可行之而況有真正着相之回光乎[七一]日用間能刻刻隨時返照不著一毫人我相便是隨地回光此第一妙用清晨能遣盡諸緣静坐一二時最妙凡應事接物只用返身法[七二]便無一刻間斷如此行之三月兩月天上諸真必來印證矣

七一　米晶子抄本。

七二　米晶子註：凡應事接物只用返照法。

逍遙訣第八

呂祖曰玉清留下逍遙訣四字凝神入氣穴六月俄看白雪飛三更又見日輪赫水中吹起籍巽風天上游歸食坤德更有一句玄中玄無何有鄉是真宅律詩一首玄奥已盡大道之要不外無爲而爲四字惟無爲故不滯方所形象惟無爲而爲故不墮頑空死虛作用不外一中而樞機全在二目二目者斗柄也斡旋造化轉運陰陽其大藥則始終一水中金即水鄉鉛而已前言回光乃指點初機從外以制内即輔以得主此爲中下之士脩下二關以透上一關者也今頭路漸明機括漸熟天不愛道直泄無上宗旨諸子祕之祕之勉之勉之夫回光其總名耳工夫進一層則光華盛一番回法更妙一番前者由外制内今則居中御外前者即輔相主今則奉主宣猷面目一大顛倒矣法子欲入静先調攝身心自在安和放下萬緣一絲不挂天心正位乎中然後兩目垂簾如奉聖旨以召大臣孰敢不遵次以兩目[七三]

七三　米晶子抄本。

內照坎宮光華所到真陽即出以應之離外陽而內陰乾體也一陰入內而爲主隨物生心順出流轉今回光內照不隨物生陰氣即住而光華註照則純陽也同類必親故坎陽上騰非坎陽也仍是乾陽應乾陽耳二物一遇便紐結不散絪緼活動倏來倏往倏浮倏沉自己玄宮中恍若太虛無量徧身輕妙欲騰所謂雲滿千山也次則來往無踪浮沉無辨脉住氣停此則真交媾矣所謂月涵萬水也俟其杳冥中忽然天心一動此則一陽來復活子時也然而此中消息要細說凡人一視[七四]一聽耳目逐物而動物去則已此之動靜全是民庶而天君反隨之役是常與鬼居矣今則一動一靜皆與人居天君乃真人也彼動即與之俱動動則天根靜即與之俱靜靜則月窟動靜無端亦與之爲動靜無端休息上下亦與之爲休息上下所謂天根月窟閒來往也天心鎮靜動違其時則失之嫩天心已動而後動以應之則失之老天心一動即以真意上升乾宮而神光視頂爲導引焉此動而應時者也天心既升乾頂游揚自得忽而欲寂急以真意引入黃庭而目光視中黃神室焉既而欲寂者

七四　米晶子抄本有『一視』兩字。

一念不生矣視内者忽忘其視矣爾時身心便當一場大放萬緣泯迹即我之神室爐鼎亦不知在何所欲覓己身了不可得此爲天入地中衆妙歸根之時也即此便是凝神入氣穴夫一回光也始而散者欲斂六用不行此爲涵養本源添油接命也既而斂者自然優游不費纖毫之力此爲安神祖竅翕聚先天也既而影響俱滅寂然大定此爲蟄藏氣穴衆妙歸根也一節中具有三節一節中具有九節俱是後日發揮今以一節中具三節言之當其涵養而初静也翕聚亦爲涵養蟄藏亦爲涵養至後而涵養皆蟄藏矣中一層可類推不易處而處分焉此爲無形之竅千處萬處一處也[七五]不易時而時分焉此爲無候之時元會運世一刻也

凡心非静極則不能動動動妄動非本體之動也故曰感於物而動性之欲也若不感於物而動即天之動也

是知以物而動性之欲也若不以物而自動即天之動也[七六]

七五　米晶子摘：千處萬處一處也。

七六　米晶子抄本。

不以天之動對天之性句落下說箇欲字欲在有物也此爲出位之思動而有動矣一念不起則正念乃生此爲真意寂然大定中而天機忽動非無意之意乎無爲而爲即此意詩首二句全括金華作用次二句是日月互體意六月即離火也白雪飛即離中真陰將返乎坤也三更即坎水也日輪即坎中一陽將赫然而返乎乾也取坎填離即在此中次二句說斗柄作用升降全機水中非坎乎目爲巽風目光照入坎宮攝召太陽之精是也天上即乾宮游歸食坤德即神入炁中天入地中養火也末二句是指出訣中之訣訣中之訣始終離不得所謂洗心滌慮爲沐浴也聖學以知止始以止至善終始乎無極歸乎無極佛以無住而生心爲一大藏教旨吾道以致虛二字完性命全功總之三教不過一句爲出死護生之神丹神丹維何曰一切處無心而已吾道最祕者沐浴如此一部全功不過心空二字[七七]足以了之今一言指破省却數十年參訪矣

子輩不明一節中具三節我以佛家空假中三觀爲喻三觀先空看一切物皆空

七七　米晶子註：全功不過心空二字。着意心解。

次假雖知其空然不毀萬物仍於空中建立一切事既不毀萬物而又不著萬物此爲中觀當其脩空觀時亦知萬物不可毀而又不著此兼三觀也然畢竟以看得空爲得力故脩空觀則空固空假亦空中亦空脩假觀是用上得力居多則假固假空亦假中亦假中道時亦作空想然不名爲空而名爲中矣亦作假觀然不名爲假而名爲中矣至於中則不必言矣

吾雖有時單說離有時兼說坎究竟不曾移動一句開口提云樞機全在二目所謂樞機者用也用此斡旋造化非言造化止此也六根七竅悉是光明藏豈取二目而他槩不問乎用坎陽仍用離光照攝即此便明

朱子云長師諱元育北宗法派當云瞎子不好脩道聾子不妨與吾言暗合特表其主輔輕重耳[七八]

日月原是一物其日中之暗處是真月之精月窟不在月而在日所謂月之窟也不然只言月足矣月中之白處是真日之光日光反在月中所謂天之根也不然只言天足矣一日一月分開止是半箇合來方成一箇全體如一夫一婦獨居不

七八　米晶子抄本。

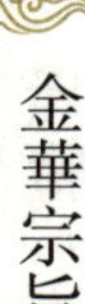

成家室有夫有婦方算得一家完全然而物難喻道夫婦分開不失爲兩人日月分開不成全體矣

知此則耳目犹是也吾言瞎子已無耳聾子已無目如此看來説甚一物説甚二目説甚六根六根一根也説甚七竅七竅一竅也[七九]

吾言只透露其相通處所以不見有兩子輩專執其隔處所以隨處換卻眼睛

百日立基第九

吕祖曰心印經云回風混合百日功靈總之立基百日方有真光如子輩尚是目光非神火也非性光也非慧智炬燭也回之百日則精氣自足真陽自生水中自有真火以此持行自然交媾自然結胎吾方在不識不知之天而嬰兒自成矣若署作意見便是外道

百日立基非百日也一日立基非一日也一息立基非呼吸之謂也息者自心也

七九　米晶子抄本。

自心爲息元神也元氣也元精也[八〇]升降離合悉從心起有無虛實咸在念中一息一生持何止百日然百日亦一息也

百日只在得力晝中得力夜中受用夜中得力晝中受用

百日立基玉旨耳上真言語無不與人身應真師言語無不與學人應此是玄中之玄不可解者也見性乃知所以學人必求真師授記任性發出一一皆驗

性光識光第十

吕祖曰回光法原通行住坐卧只要自得機竅吾前開示云虛室生白光非白耶但有一説初未見光時此爲效驗若見爲光而有識意著之即落意識非性光也子不管他有光無光只要無念生念何爲無念千休千處得何謂生念一念一生持此念乃正念與平日念不同今心爲念念者現在心也此心即光即藥凡人視物任眼一照去不及分別此爲性光如鏡之無心而照也如水之無心而鑑也少頃即爲識光以其分別也鏡有影已無鏡矣水有象已非水矣光有識尚何光哉

八〇　米晶子註：多看元神元炁元精。

子輩初則性光轉念則識識起而光杳不可覓非無光也光已爲識矣黄帝曰聲動不生聲而生響即此義也楞嚴推勘入門曰不在塵不在識惟選根此則何意塵是外物所謂器界也與吾了不相涉逐之則認物爲己物必有還通還户牖明還日月借他爲自終非吾有至於不汝還者非汝而誰明還日月見日月之明無還也天有無日月之時人無有無見日月之性若然則分别日月者還可與爲吾有耶不知因明暗而分别者當明暗兩忘之時分别何在故亦有還此爲内塵也惟見性無還見見之時見非是見則見性亦還矣還者還其識念流轉之見性即阿難使汝流轉心目爲咎也初入還辨見時上七者皆明其一一有還故留見性以爲阿難拄杖究竟見性既帶八識眼識耳識鼻識舌識身識意識傳送識阿賴識[八一]非真不還也最後并此一破則方爲真見性真不還矣子輩回光正回其最初不還之光故一毫識念用不著使汝流轉者惟此六根使汝成菩提者亦惟此六根而塵與識皆不用非用根也用其根中之性耳今不墮識回光則用根中之元性落

八一　米晶子抄本。米晶子註：心爲内識，眼爲外塵。

識而回光則用根中之識性毫釐之辨在此也用心即爲識光放下乃爲性光毫釐千里不可不辨識不斷則神不生心不空則丹不結

心净則丹心空即藥不著一物是名心净不留一物是名心空空見爲空空猶未空空忘其空斯名真空 八二

坎離交媾第十一

呂祖曰凡漏泄精神動而交物者皆離也凡收轉神識静而中涵者皆坎也七竅之外走者爲離七竅之内返者爲坎一陰主於逐色隨聲一陽主於返聞收見坎離即陰陽陰陽即性命性命即身心身心即神炁一自斂息精神不爲境緣流轉即是真交而沉默趺坐時又無論矣

周天第十二

呂祖曰周天非以氣作主以心到爲妙訣若畢竟如何周天是助長也無心而守無

八二 米晶子摘：空忘其空斯名真空。

意而行仰觀乎天三百六十五度刻刻變遷而斗柄終古不動吾心亦猶是也心即璇璣氣即羣星吾身之氣四肢百骸原是貫通不要十分著力於此鍛鍊識神斷除妄見然後藥生藥非有形之物此性光也而即先天之真炁然必於大定後方見并無採法言採者大謬矣見之既久心地光明自然心空漏盡解脱塵海若今日龍虎明日水火終成妄想去吾昔受火龍真人口訣如是不知丹書所説更何如也

一日有一周天一刻有一周天坎離交處便是一周我之交即天之迴旋也未能當下休歇所以有交之時即有不交之時然天之迴旋未嘗少息果能陰陽交泰大地陽和我之中宫正位萬物一時暢遂即丹經沐浴法也非大周天而何此中火候實實有大小不同究竟無大小可别到得功夫自然不知坎離爲何物天地爲何等孰爲交孰爲一周兩周何處覓大小之分别耶總之一身旋運雖見得極大亦小若一迴旋天地萬物悉與之迴旋即在方寸處亦爲極大金丹火候要歸自然不自然天地自還天地萬物各歸萬物欲强之使合終不能合即如天時亢旱陰陽不合乾坤未嘗一日不周然終見得有多少不自然處我能轉運陰陽調

適自然一時雲蒸雨降草木酣適山河流暢縱有乖戾亦覺頓釋此即大周天也子等問活子時甚妙然必認定正子時似著相不著相不指明正子時何從而識活子時既識得活子時確然又有正子時是一是二非正非活總要人看得真一真則無不正無不活矣見得不真何者爲活何者爲正耶即如活子時是時時見得的畢竟到正子時志氣清明活子時愈覺發現人未識得活的明了只向正的時候驗取則正者現前活者無不神妙矣

勸世歌第十三

吕祖曰吾因度世丹衷熱不惜婆心幷饒舌世尊亦爲大因緣直指生死真可惜老君也患有吾身傳示谷神人不識吾今畧説尋真路黃中通理載大易正位居體是玄關子午[八三]中間堪定息光回祖竅萬神安藥産川源一炁出透幙變化有金光一輪紅日常赫赫世人錯認坎離精搬運心腎成間隔如何人道合天心天若符兮道自合放下萬緣毫不起此是先天真無極太虛穆穆朕兆捐性命關頭

八三　米晶子註：子是水，午是火。

忘意識意識忘後見本真水清珠現玄難測無始煩障一旦空玉京降下九龍冊步霄漢兮登天闕掌風霆兮驅霹靂凝神定息是初機退藏密地爲常寂吾昔度張珍奴二詞皆有大道子後午前非時也坎離耳定息者息息歸根中黄也坐者心不動也夾脊者非背上輪子乃直透玉京大路也雙闕者此處有難言者地雷震動山頭雨者真氣生也黄芽出土者藥生也小小二段已盡脩行大路明此可不惑人言

昔夫子與顏子登泰山頂望吳門白馬匹煉顏子見爲匹練夫子急掩其目恐其太用眼力神光走落回光可以勉哉八四

回光在純心行去只將真息凝照于中宫久之自然通靈達變也總是心静氣定爲基心忘氣凝爲效氣息心空爲丹成心氣渾一爲温養明心見性爲了道子輩各宜勉力行去錯過光陰可惜也一日不行一日即鬼也一息行此一息真僊也勉之勉之

太乙金華宗旨終

八四　米晶子抄本。

太乙金華源流

源是上清派以茅君爲第一代茅君十傳而浸失其真晋初蘭公得之斗中孝悌王而傳諶母諶母傳許祖傳許祖十大弟子再七代有玉真黄兩先生繼之繼又失傳至康熙戊申年吕祖傳受宗旨改名《太乙金華》其時受法弟子潘易庵屠宇庵莊惺庵莊誠庵周野鶴劉度庵許深庵七人至壬申歲孝悌王復提宗旨時有張爽庵李時庵馮返庵馮近庵許凝庵潘真庵潘卓庵亦符七人之數奉教攝取先後發明宗旨者輯定成帙乾隆乙未年錢唐邵志琳得於蘇門吴氏抄本自加刪改因刊入全書焉八五

八五　米晶子抄本。

呂祖先天百字碑八六

父母未生前　與母共相連
無情生有情　虛靈徹洞天
十月胎在腹　能動不能言
晝夜母呼吸　往來通我玄
剪斷臍帶子　一點落根源
性命歸真土　此處覓真鉛
迷失當來路　輪迴苦萬千
若遇明師指　說破妙中玄
時時拴意馬　刻刻鎖心猿

八六　呂純陽著。按米晶子提供影印版校對。

悟透二十句　白日上清天

吕祖先天百字碑終

王重陽祖師授七真五篇靈文八七

序

斯文乃是金丹之至寶。非其人而不可傳也。若上根上器大德之子得遇此書。修僊之正路耳。以天心爲主。以元神爲用。以三寶爲基。外三寶不漏。內三寶自合也。始得天人感通。先天之炁。自然歸之。然人之一身內外。四大上下。皆屬後天陰陽。惟有先天一點至陽之炁。混於杳冥不測之內。至虛至靈。難求難見。雖然外來。實由內孕。先天若無後天。何以招攝。後天不得先天。豈能變通。此乃無中生有。有中生無。無因有激之而成象。有因無感之而通靈。先後二天之氣。如谷之應聲。神僊妙用。只是採取先天真陽之炁以爲金丹之母。點化己身陰氣。以變純陽

八七　重陽祖師註，清虛道人録。校對版本：《道藏輯要·胃集二·附録五篇靈文》。

之體。却從煉己純熟。方得先天造化。玄珠成象。太乙含真。形神俱妙。與道合真。此皆自然而然。不假一毫作爲也。

玉液章第一

神不離炁。炁不離神。呼吸往來。歸乎一源。不可著體。不可運用。委志虛無。寂然常照。身心無爲。而神炁自然有所爲。猶天地無爲。萬物自然化育。工夫已久。静而生定。神入炁中。炁與神合。五行四象。自然攢簇。精凝炁結。此坎離交媾。初静之功。純陰之下。須用陽火煅煉。方得真氣發生。神明自來矣。

産藥章第二

神守坤宫。真火自來。坤宫乃産藥川源。陰陽交媾之處。若不得真火煅煉。則金水混融。若不專心致志。則陽火散漫。大藥終不能生。先天何由而得。煅煉之久。水見火則自然化爲一炁。薰蒸上騰。河車搬運。周流不息。真精自此而生。元炁胚胎於此。呼吸相含。脉住氣停。静而生定。大定之中。先天一炁自虛無中而來。是以先天母炁而伏後天子炁。順其自然。不可欲速。先天自發也。混沌之初。天地未判。玄黃相雜。時至氣化。定中生動。只這動處。方知造化。若有一物。或明或隱。不內不外。此是大藥始萌。不可遽採之。若有一毫念起。天真遂喪矣。

採藥章第三 八八

神守乾宮。真炁自歸。乾宮乃造化之源。生身受炁之初。知之脩煉。謂之聖人。始則凝神於坤。煅煉陰精。化爲陽炁。薰蒸上騰。河車搬運。週流不息。次則凝神於乾。漸煉漸凝。漸聚漸結。結成一顆玄珠。大如黍米。恒在目前。一得永得。先天虛無真炁。自然歸之。待其鉛光閃爍。如月之象。汞氣飛揚。如日之象。不時日月交合一處。一點靈光。圓陀陀。光爍爍。照耀上下。內真外應。先天之炁。自虛無中而來。是以母炁。而伏子氣。自然感合造化之妙。藥從外來。非假存想。初煉丹時。

八八 米晶子註：多看。

便向水中求之。終落頑空。畢竟無成。須以我之真炁。而感天地之至精。當以陽燧。方諸水火感通之理。推之自得。當其日月交光之候。先天適至之時。泥丸風生。慾海波澄。此身如在萬丈海中。不知有水。不知有火。不知有天地人我。渾如醉夢。正是龍虎交會之際。金木相啖。水火相激。景象發現。迅如雷電。急急採取。其採取之妙。如發千鈞之弩。惟用一寸之機。似採非採。不採實採。乃爲真採也。

得藥章第四

神守玄宮。意迎牝府[八九]。神意相合。先天自得。恍恍惚惚。杳杳冥冥。一點紅光。閃入下元。己之真炁。翕然湊合。陰乃抱陽。陽乃激陰。至精發現。海泛浪涌。自太玄關升入泥丸。化爲金液。吞入腹内。香甜清爽。萬孔生春。遍體生光。至此乃是乾坤交媾。一得永得之妙。全在防危慮險。即當牢封固閉。勿令滲漏。以便温養。

八九　米晶子圖註：神守玄宮。意迎牝府。

温養章第五九〇

神守黄房。金胎自成。黄房乃乾之下坤之上。規中之妙。十二時中。念茲在茲。含光藏耀。行住坐卧。綿綿若存。如鷄抱卵。如龍養珠。抱元守一。先天元神元炁。刻刻相合。漸漸相化。但安神息。不運火而火自運。百日功靈。十月胎圓。陰魄自化。陽神出現。千日之後。温養火足。剝盡群陰。體變純陽。嬰兒現象。身外有身。形如煙霞。神同太虚。隱則形同於神。顯則神同於氣。步日月而無影。貫金石而無碍。温養三年之後。嬰兒老成。不可遠離。直至九年。與太虚同體。形神俱妙。與道合真。天地山川。有時崩壞。惟吾之道體。浩劫長存。潛伏人間。積功立行。提挈天地。把握陰陽。所以陰陽不能鋾鑄也。天僊之道。斯乃畢矣。

王重陽祖師授七真五篇靈文終

九〇 米晶子圖註：

邱長春祖師語録九一

師住燕京天長觀時。普說曰。道含天地神統百形。生滅者形也。無生滅者性也。神也。有形皆壞。天地亦屬幻軀。元會盡而示終。只有一點陽光。超乎劫數之外。在人身中爲性海。即元神也。故世尊獨脩性學。煉育元神。可以滅而滅。說法四十九年。住世亦止七十餘載。人不以爲無壽。背痛而示疾。形壞也。血肉之軀也。可以生而生。百千萬億劫。度生無量。又何嘗滅哉。謂佛肉身至今存可也。若論性不壞。即餓鬼畜生。皆堪成佛。有靈明處是也。心能造形。心能留形。法中有愛住世者。動經千百劫心爲之也。若心根傷壞。轉眼便爲冥途矣。故有形存而心先死者。六道是也。有形亡而心存者。古來三教聖賢是也。今世祈長生者。不向本命元辰

九一　不著撰人。校對版本：明善書局發行，壬申仲春月版《長春祖師語録》。

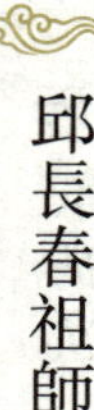

自發大願。乃從僊佛乞靈。是舍本而求末矣。究竟於我何益哉。吾宗所以不言長生者。非不長生。超之也。此無上大道。非區區延年小術也。或問曰。北宗道法。至吾師而大行。全真之盛。振古未有。亦尚神通變化否。師曰。若好尚神通。便非大道。大道極平常。不作奇特想。只要心真。何事不辦。吾侍重陽師三載。未沐一言之誨。若起嗔心。久爲下類矣。惟鞭策之甚。真爲愛我之切。故歸化時。方有此子可教。吾宗賴以大行之語。後復得道兄丹陽馬大師接引。然後還山。煉心育性。三遭魔難而不爲動。沒於洪水而不知。虎卧於旁而不畏。初心真。久之心空。心空性見[九二]。而大事畢矣。遂出山度世化人。帝王禮拜。三宮奉侍。燎望問道。至禮也。吾告之以清靜無爲。上帝好生。一代仁厚之風。皆從此二句起。上親書袍領。命藏諸內府。世授子孫。勅吾爲大宗師。然吾心未嘗動也。生平不輕受人一拜。拜必答之。未嘗自登師席。黃童白叟。

九二　米晶子摘：初心真。久之心空。心空性見。

婦寺宰官。候王帝主。一切平等。西域諸方。稱吾爲震旦活沸。聲教所及。要荒無間。自古全真之盛。未有及此。此豈有所作爲乎。不過性海中一點浮漚耳。天人[九三]自然感應。不尚神通。宫中有妖物。百法不靈。天師束手。請問於吾。吾時在山中。静中微作念。彼物已攝道光法鏡中。初不用雷神將帥符圖印訣也。邪不勝正。理也。吾存其理而已。師示衆曰。吾宗前三節。皆有爲工夫。命功也。後六節。乃無爲妙道。性學也。三分命功。七分性學。以後只稱性學。不得稱功。命方稱功。有爲之事也。功者工也。有階有級。性何功哉。佛祖也只完得性學而已。今世人貪生之甚。希慕長生。究無長生者。心不真也。雖極勞生以養形。爲形起見。總屬私心。不合天心。何能上壽。學人宜體驗吾旨。誓發無上之心。即爲無上之身[九四]。

九三　米晶子註：天人乃真意性也。
九四　米晶子註：重看。

或問曰。弟子根性下劣。堪學道否。師曰。吾西游記首。言凡有七竅者。皆可成真。吾子只六竅耶。

師示衆曰。世性用實。大道用虛。惟虛故明。明即慧也[九五]。慧非根生。心定而凝。心凝神現。性見人成。人非塊然者。元始與威音[九六]。若將二老作玄虛。是亦沉淪之下士也。要知有此心。即有此性。二老不加。人亦不減。二老爲出世師。學者爲輪轉鬼。可不痛哉。要其間不過迷悟之殊耳。百計以養身。即百計以昧心。心昧則性迷。性迷則神役九幽矣。究之身不過數十年。而神之迷晦。動經千劫。一息之迷。即爲一年。若迷一日。已爲三萬六千朝矣。其他可類推也。若真能見性。即垂死一刻。亦能破百千萬劫之幽暗。况五官清明。四肢强健時乎。學者急須止念。念止則心定。心定則慧光自生。慧既生矣。還須自涵於不睹不聞無聲無臭之中。

九五　米晶子摘：大道用虛。惟虛故明。明即慧也。

九六　米晶子註：此篇多看。

久之方返於虛無真境。今學人皆理解。非心解也。皆識光。非智光也。此所以輪轉人天。漂流六道。若造惡之人。并無光彩。止有惡氣厲氣。眼光一落。全體皆陰九七。墮入豐都矣。千佛出世。不通懺悔者。彼自無光。何能承佛光接引哉。學者現有外光。機在目也。太陽流珠。常欲去人。順也。逆而内之。金華涵苞矣。有内光。迷而失之。六欲牽也。妄想驚其神也。不能片時清浄。爲有無顛倒耳。悟而超之。破除無始習氣。尋取最初種子。光爍圓陀也。哀哉。知者鮮矣。悟者尤鮮矣。吾不敢望悟者。得見知者斯可矣。

或問曰。知與悟有不同乎。師曰。十分知及處。即是悟境。知爲下手。悟爲究竟。曰。假如放下萬緣。一念不動。可是否。師曰。是體也。還有用在。

師示衆曰。人身一念一動爲一劫。此内外合也。内一劫。外一劫應之。

九七　米晶子摘：眼光一落。全體皆陰。

迷則剎那萬劫。悟則萬劫剎那。心上本無歲月也。

師示衆曰。學人但能回光。即了生死。此光超日月。透三界。若無此光。天地亦冥頑不靈矣。萬物何處發生。此光即元始威音也九八。衆生輪迴者。因此光順出。作種種妄想。故幻出皮囊。積骸如山。積血如海。今一句說破。人身兩目外。皆死物也。二目中。元精元氣元神皆在。可不重歟。眼光落地。萬古長夜。人在胎中。先生兩目。其死也。先化兩目。昔觀音大士八十一化。極其變現。而目不動。佛之神威不能變在此處。衆生倒能變。未死時而目已變種種矣。哀哉九九。

或問曰。回光與金丹工夫。是一是二。師曰。回光不止金丹。即宗門真訣也。摩頂者此也。受記者此也。楞嚴二十四位圓通。原有諦觀鼻端。心空漏盡。出入息化爲光明。證菩薩果。吾宗皆是此法。曰。每日將一

九八　米晶子摘：學人但能回光。即了生死。光即元始威音也。
九九　米晶子註：多看。

時回光。可乎。師曰。極少三時。曰。假如有俗冗。止能一時回光。何如。師曰。真正一時也妙。一時已奪天地萬年之數。一日奔馳光散。即造羅豐千劫幽暗之獄。故冥界無甲子。動以千萬劫計。算數所不能及。或問曰。佛說往生西方。蓮池中有姓名耶。師曰。不論姓名。華池即方寸也。蓮苞即性光也一〇〇。身中現有佛國。曰。若是則淨土爲烏有矣。師曰。又是實有的。少不得以心造。以心應。或問曰。弟子欲誦金剛經五百卷以超度亡靈。何如。師曰。金剛經亦止念之一端。亦超度亡靈之一大法門也。只要真能止念。誦四句偈已完。曰。請問四句偈。師曰。是如夢幻泡影。曰。或以無我相。無人相。無衆生相。無壽者相。作四句何如。師曰亦可。曰。或以有句無句。非有非無句。即有即無句。作四句何如。師曰亦可。惟拘不得。所以爲妙。若拘定某句是四句。即着諸相矣。或問曰。能仁謂之釋迦。如何是仁體。師曰。仁者生也。一點生機。烏

一〇〇 米晶子摘：華池即方寸也。蓮苞即性光也。

啼花放。山色波光。俱爲造化含之皆爲真地。舒之盡是陽春。一念不生爲仁體。萬念皆圓爲仁用。空則化。圓則通。通則四維上下虛空。往古來今。不外吾腔子矣。不特地獄餓鬼畜生可憫。直視夫人亦爲雪涕。回視多生眷屬。多生冤仇。俱在慈光覆蔭之中。到此方是能仁。方證如來果位。今從一枝一節起者。皆非大道。曰。弟子於静中覺得大千如一室。萬劫如一時光景。可以謂之仁乎。師曰。總不在擬議得之。心上實實行去可也。今日天氣清和。晴光正好。可各行樂。無負良辰。况明師勝友。樂莫大焉。發揮精神。百病不生。即此也是仁用。

師示衆曰。吾宗惟貴見性。而水火配合其次也。大要以息心凝神爲初機。以性明見空爲實地。以忘識化障爲作用。回視龍虎汞鉛。皆法相而不可拘執。反此便爲外道。非吾徒也。

師示衆曰。學人既有入路。即宜退藏於密。直從念頭上洗剥。天理愈微。益見人心之難克。人欲將净。反見天心之杳渺。可參之。可參之。

或問曰。弟子欲辭家學道。奈世緣未了。功名未成。再遲數年何如。師曰。子既欲嗣吾宗。名利二字。須要先淡。吾意子欲道。宰相之位可辭。吾之求人。甚於人之求我。各人勉諸。不然他日無由見我。真鬼殊途。光陰如電。一彈指而白髮星星矣。增一年。去鬼日近。色身易壞。真性未脩。如何。如何。

邱長春祖師語録終

清靜元君坤元真經一〇一

爾時元君在華陽洞天，與諸天延那儸姑、十二溪女，説坤元妙經曰：『天陽地陰，天動地静。乾行坤順，元亨利貞。乾道成男，坤道成女。獨陰不長，獨陽不生。剛柔得其中庸，水火始能既濟。孕生萬物，蓋載蒼生，慈忍無争，敬順輔相。是故居母道之仁，爲後元之配，致功論化，其道一焉。自辟乾闔坤以來，有聖母，有后土，有天姆，有女媧，有斗母，有佛姆，有元君，有王母，有儸姑，有玉女，至于麻姑天妃，天女玄女，無極女儸，女菩薩，比丘尼，那延溪女，紫姑湘妃，洛神巫女，雹母青娥，素女織女，皆以坤元柔順，脩真得道，證明高果，是與天元同氣不二。今善女人，各具坤元，咸能入道。俱以脩力，可證極樂妙果，萬劫

一〇一　不著撰人。校對版本：華夏出版社2009年版《吕洞賓全集》卷二十附《清浄元君坤元經》。

常存。若以己身礙漏難脩，則其心原無走漏，汝何自蔽？無始以前，何有色相，何有身迹？惟一惟空，原無二心，汝何脩身？汝何弃心？如能返思其元，更有脩真捷徑。我今爲汝女衆，説是捷徑，汝當諦聽。夫乾道動，坤道静，欲脩性命，務須從静。汝今原静，又何以脩？坤道濁，乾道清，欲脩性命，務須從清。惟能以濁脩清，是以入道證果。吾今爲汝説是脩清之道，夫清濁雖别于形質，而本元出自心神。汝欲心静神清，務脩其性。能悟脩性，便是立命。汝能悟者，即是汝性。汝性非性，汝心非心。心即是心，性即是性。性非汝心，心非汝性。若問汝性，性即説性。若問汝心，心即説心。心無所心，性無所性。亦非無性，亦非無心。性亦非心，心亦非性。性無有心，心無有性。性本無心，心本無性。心若有性，即非道心。性若有心，即非道性。道性我性，道心我心。是真實性，是妄想心。性若真實，即見道性。心若妄想，即非道心。雖曰道心，又有云説，名何云心？有肉團心，有虚靈心。此虚靈心，是名何心？是真道心，是真實心。彼肉團心，是名何心？是非道心，是妄想心。汝能剔肉團心爲虛靈心，悟非道心爲真道心，破妄想心爲真實心，加以勇猛心、精進心，除却煩惱心、礙障心，惟障礙心是執著故。欲除執著，務加金剛心，虛空心，死了心，不動心，智慧心，堅固心，圓滿心，成就心，菩提心，慈悲心，歡喜心，如是諸心，是名道心。能明道心，心即是道。若入是道，務守是心。若遇色相，如如弗動。若遇患疾，如如不變。若遇霹靂，如如不驚。若遇是非，如如不亂。若遇刀斧，如如不懼。若遇死亡，如如不壞。惟是不壞，即是不死；惟是不死，即是道心。惟是道心，即是脩道；惟是脩道，即是脩性。性若無明，非是真性。捨此真性，更何有心？捨此真心，更何有道？是故神通智慧，皆從心道而生；清靜虛靈，皆自性道而出一〇二。三寶一而無二，四大總是幻空。務向濁處存清，惟自靜中防動。能防其動，即明其性；能明其性，即守其心。

一〇二 米晶子註：道即性，性即道。

心若常脩，六賊難入。惺惺覺察，五蘊何來？智慧光明，恍朗純和，性明命立。以鉛制汞，賴土成功；以汞投爐，幽潛真默。煉形化炁，煉炁歸神，煉神還空，即是本來。又何劫之不存，何果之不證，何身之有漏，何心之有障，何道之有二哉！汝善女人，又何疑之不脩哉！』于是元君說是經已，告諸僊衆：『吾今所說不二之旨，吾曾拜受于玄女元君，貞一坤元[一〇三]，無上妙道，爲汝善女人道海津梁。即有善男子，亦不離是。吾今恐汝暗昧疑退，再說偈曰：男女本一炁，清濁動靜异。女人欲脩真，切使真元聚。陰中有元陽，存清弗以弃。明此色與欲，本來無所累。屏除貪嗔痴，割斷憂思慮。去濁脩清性，不隨諸惡趣。靜寂守無爲，我即男子具。無無無形身，有有有無意。內視色聲空，色空俱絕離。仗土爲坤基，一陽本自地。鉛汞固不同，炁神無二義。渺渺空靈心，心神能爲制，一炁返春和，飛出雲宵去。偕汝太清游，是曰真如偈。』元君說是偈

一〇三　米晶子註：貞一坤元，貞乃坤體。

已，諸天延那天女、十二溪僊，香雨散花，寶珠纓絡，洞章飛舞，歡喜信受，贊嘆希有，禮謝而退。

按：元君孫氏，道諱不二，號清静散人，寧海人也。生於宋徽宗宣和元年己亥正月初五日。幼適丹陽馬宜甫，生三子。重陽以分梨十化，夫婦棄家脩道。出家於洛陽山洞，互相黽勉，金丹道就，夫婦同升。二月二十九日冲舉，封清静淵真玄虚演化順化元君。七真之一也。

清静元君坤元真經終

三乘丹法[一〇四]

九品 下 中 上 三品 邪道 外道 傍門

漸法三乘 下 中 上 乘 安樂 養命 延生 法

最上一乘 無上至真之妙

夫金丹者。虛無為體清淨為用。無上至真之妙道也。世鮮知之人鮮行之。於是聖人用方便力開

一〇四 李道純著。校對版本：《道藏輯要》昴集八《中和集・試金石》。

善誘門。強立名象著諸丹書接引後學。蓋欲來者誦言明理嘿識潛通。則行之頓超真境。奈何後人不窮其理執著筌蹏妄引百端支離萬狀。將至道破碎為曲徑。旁蹊三千六百良不得其傳故也。況今之無知淺學將聖人經旨妄行箋註乖訛尤甚。安得不誤後來。雖有志之士亦不能辨其邪正深可憐憫。予因是事故作此試金石而辨其真偽。裨諸學者不被眩惑決然無疑，直超道岸。聖師曰：道法三千六百门•人人各执一苗根。誰知些子玄微處。不在三千六百門。予謂祖師老婆心切。故作是詩也。若復有人作如是見者大地皆黃金。其或未然須當試過。於是乎書。

道家丹經真偽雜陳魚目混珠使讀者不易辯認即其脩煉法訣又不知何從李道純真人將丹法分爲三類傍門九品漸法三乘最上一乘

在傍門九品中又分邪道外道傍門三類每類又分爲上中下三品共九品均爲不入大道者在漸法三乘中以下乘爲安樂法門中乘爲養命法門上乘爲延生法門其最上一層才是無上至真妙道雖其分别或有强調之處但旨在爲脩煉者之有所警惕茲分録於左[一〇五]

一〇五 米晶子抄本。

傍門九品

下三品

御女房中三峰採戰。食乳對爐。女人爲鼎。天癸爲藥。産門爲生身處。精血爲大丹頭。鑄雌雄劍。立陰陽爐。謂女子爲純陽。指月經爲至寶。採而餌之。爲一月一還。用九女爲九鼎。爲九年九返。令童男童女交合而採初精。取陰中黍米爲玄珠。至於弄金花弄金槍。七十二家强兵戰勝。多入少出。九淺一深。如此邪謬。謂之泥水丹法。三百餘條。此大亂之道也。乃下品之下邪道也。

又有八十四家接法。三十六般採陰。用胞衣爲紫河車。鍊小便爲秋石。食自己精爲還元。捏尾閭爲閉關。夫婦交合。使精不過爲無漏。採女經爲紅圓子。或以五金八石脩煉爲丸。令婦人服之。十月後産肉塊爲至藥。採而服之。如此謬術不欲盡舉。約有三百餘條。乃下品之中外道也。

又有諸品丹竈。爐火燒熱。五金八石勾庚乾汞。點茅燒銀撥灰弄火。至於靈砂外藥。三遜五假。金石草木服餌之法。四百餘條。乃下品之上外道也。

右下三品共一千餘條。貪淫嗜利者行之。

中三品

休糧辟穀忍寒。食穢服餌椒朮。曬背卧冰。日持一齋或清齋。或食物多爲奇特。或飲酒不醉爲驗。或減食爲抽添。或不食五味而食三白。或不食煙火食。或飲酒食肉不籍身命。自謂無爲。或翻滄倒海。重重捏怪。乃中品之下也。

吞霞服氣。採日月精華。吞星曜之光。服五方之氣。或採水火之氣。或存思註想。遨游九州爲運用。或想身中二氣。化爲男女象。人間夫婦交採之狀爲合和。一切存想。種種虛妄等法。乃中品之中也。

傳受三歸五戒。看誦脩習。傳信法。取報應行考。赴取歸程歸空。十信三際九接瞻星禮斗。或持不語。或打勤勞。持守外功。已上有爲乃中品之上。漸次近道也。

右三品一千餘條。行之不怠。漸入佳境。勝別留心。

上三品

定觀鑒形。存思吐納。摩撫消息。八段錦六字氣。視頂門守臍蔕。吞津液。攪神水。或千口水爲活。或指舌爲赤龍。或擦身令熱爲火候。或一呵九摩求長生。或鍊稠唾爲真種子。或守丹田。或兜外腎。至於煮海觀鼻。以津精涎沫爲藥。乃上品之下也。

閉息行氣。屈伸導引摩腰腎。守印堂運雙睛。搖夾脊守臍輪。或以雙睛爲日月。或以眉間爲玄關。或叩齒爲天門。或想元神從頂門出入。或夢游僊境。或默朝上帝。或以昏沉爲入定。或以數息爲火候。或想心腎黑白二氣相交爲既濟。乃上品之中也。

般精運氣。三火歸臍。調和五臟。十六觀法。固守丹田。服中黃氣。三田還返。補腦還精。雙提金井夾脊雙關。握固内視。種種般運。乃上品之上也。

右三品一千餘條。中士行之亦可却病。

漸法三乘

下乘者以身心爲鼎爐。精氣爲藥物。心腎爲水火。五臟爲五行。肝肺爲龍虎。精爲真種子。以年月日時行火候。嚥津灌溉爲沐浴。口鼻爲三要[一〇六]。腎前臍後爲玄關。五行混合爲丹成。此乃安樂之法。其中作用百餘條。若能忘情亦可養命。與上三品稍同作用處別。

中乘者。乾坤爲鼎器。坎離爲水火。烏兔爲藥物。精神魂魄意爲五行。身心爲龍虎。氣爲真種子。一年寒暑爲火候。法水灌溉爲沐浴。内境不出外境不入爲固濟。太淵絳宫精房爲三要。泥丸爲玄關。精神混合爲丹成。此中乘養命之法。其中作用數十條。與下乘大同小異。若行不怠亦可長生久視。

上乘者。以天地爲鼎爐。日月爲水火。陰陽爲化機。鉛汞銀砂土爲五行。性情爲龍虎。念爲真種子。以心鍊念爲火候。息念爲養火。含光爲固濟。

[一〇六] 米晶子抄本：『耳目口爲三要』。

降伏内魔爲野戰。身心意爲三要。天心爲玄關。情來歸性爲丹成。和氣薰蒸爲沐浴。乃上乘延生之道。其中與中乘相似。作用處不同。亦有十餘條。上士行之始終如一。可證僊道。

最上一乘

夫最上一乘無上至真之妙道也。以太虛爲鼎。太極爲爐。清靜爲丹基。無爲爲丹母。性命爲鉛汞。定慧爲水火。窒慾懲忿爲水火交。性情合一爲金木併。洗心滌慮爲沐浴。存誠定意爲固濟。戒定慧爲三要。中爲玄關。明心爲應驗。見性爲凝結。三元混一爲聖胎。性命打成一片爲丹成[一〇七]。身外有身爲脱胎。打破虛空爲了當。此最上一乘之妙。至士可以行之。功滿德隆。直超圓頓。形神俱妙與道合真。

三乘丹法終

一〇七 米晶子註：元精、元炁、元神，爲三元合一，爲丹成。